U0613362

GRAVITARE

关 怀 现 实 ， 沟 通 学 术 与 大 众

熊廷弼之死

晚明政局的囚徒困境

唐元鹏

著

SPM 南方传媒　广东人民出版社
·广州·

图书在版编目（CIP）数据

熊廷弼之死：晚明政局的囚徒困境 / 唐元鹏著 . —广州：
广东人民出版社，2023.6（2025.11重印）
ISBN 978-7-218-16016-0

Ⅰ . ①熊… Ⅱ . ①唐… Ⅲ . ①中国历史—明代—通俗
读物 Ⅳ . ①K248.09

中国版本图书馆CIP数据核字（2022）第175832号

XIONG TINGBI ZHI SI：WANMING ZHENGJU DE QIUTU KUNJING
熊 廷 弼 之 死 ： 晚 明 政 局 的 囚 徒 困 境

唐元鹏 著

出版人：肖风华

书系主编：施 勇　钱 丰
责任编辑：钱 丰　陈畅涌　梁欣彤　张崇静
营销编辑：龚文豪　张静智
责任技编：吴彦斌

出版发行　广东人民出版社
地　　址：广州市越秀区大沙头四马路10号（邮政编码：510199）
电　　话：（020）85716809（总编室）
传　　真：（020）83289585
网　　址：https://www.gdpph.com
印　　刷：广州市岭美文化科技有限公司
开　　本：889毫米×1194毫米　1/32
印　　张：7.75　字　　数：180千
版　　次：2023年6月第1版
印　　次：2025年11月第3次印刷
定　　价：68.00元

如发现印装质量问题，影响阅读，请与出版社（020-85716849）联系调换。
售书热线：（020）87716172

自　序

　　这本小书的缘起，来自我对晚明历史的特殊爱好。年轻时每读到甲申之变时，都不免感叹——朝代兴亡，尽是生灵涂炭，总让人有说不出的心痛。我想知道，历史有没有另外一种可能。

　　在晚明历史的传统叙事中，有两位名将是绕不开的——熊廷弼、袁崇焕。他们苦苦支撑了辽东防线最后的光景，却都没能成功抵御敌军，被朝廷判死刑。熊廷弼传首九边，袁崇焕被凌迟处死，下场极为惨烈。

　　熊、袁二人，都身具名将光环。可能我是个很拧巴的人，对于大家都这么认为的史实，偏要再仔细调查清楚，看看历史是否的确如此。这便是写这本小书的初衷。

　　结果，翻阅史料，不见熊廷弼亲自部署指挥过一场战斗、战役，真正的指挥者都是他手下的总兵、副将、参将……熊廷弼本人所做的，不过是拟定攻守大战略，催粮催饷，为军事将领们补充兵员装备。闹了半天，原来所谓"名将"就是个"后勤大总管"！

　　另外，熊廷弼的死也是我非常关注的历史事件。他到底因何而死？为什么在万历年间顺风顺水的熊廷弼，到了天启年间竟然会处处遭受掣肘，在近乎被架空的情况下，仍然要对一场巨大的失败负责，最后走上了断头台？

　　至于熊廷弼到底是死于阉党还是死于东林党之手，一直争议颇多。但经过深入查阅史料，我发现可能大家都想多了，熊廷弼的死既不是因为阉党构陷，也不是因为东林党抛弃，而是另有"主谋"。

一路的探索，还让我关注到许多过去很好奇，却始终不甚了了的问题：明军战斗力到底如何，能否与后金八旗军在战场上一较高下？熊廷弼如果不死，能否稳定辽东局势，避免清兵入关？大明朝有没有可能在保持辽东防线的情况下，避免随后发生的李自成、张献忠起义？

在尽力寻求这些问题的答案时，我又意外发现了一个很重要的命题——大明朝的囚徒困境。在君臣之间形成的囚徒困境，大大破坏了这个国家的组织能力。在一次又一次的君臣斗法、派系斗争中，明朝始终无法进入能挽救国家于生死关头的军事动员体制，从而走向了躲不开的崇祯朝死局。

总之，我不自量力地希望以历史非虚构写作将熊廷弼下半生，也就是他人生的高光时刻呈现于斯，使公众可以从小小的切面中，感受大明两百年未有之大变局。

研究历史，我不过是半路出家，属于人们常说的"票友"，在写这本书之前，甚至没有完成过一篇历史专业论文。本人水平有限，这部作品难免挂一漏万，恳请师友、读者们以批判的眼光阅读，不吝批评指正，纠错补缺。

在写作过程中，我衷心感谢许多师友的支持与帮助。樊树志老先生对我曾有一字之教；杨津涛、王戡、李夏恩、陈曦、石巍等几位好友，为我提供了宝贵史料，并一直给我鼓励、批评与指正；本书还承蒙肖风华先生青睐，他鼓励我完成了一度有些后继乏力的写作；感谢施勇、陈畅涌、张崇静、梁欣彤、江艺鹏几位编辑老师认真负责的审阅，他们提供了具有极高专业水准的修改意见。

　　最后，感谢当年培养我胡乱读书的父母，特别感谢妻子一直以来的理解与帮助，还有小女时隐时现的鞭策，你们都是我写作的力量源泉。

唐元鹏

2023年1月于家中

目　录

引　子

天启五年（1625年）八月二十六日，北京西四牌楼附近人山人海。这一天，西市又要杀人了，而且杀的人还是朝廷高官。

囚车远远行来，车上坐着一位身材魁梧、面色从容的中年男子。来者就是今日受刑之人——前任兵部尚书兼都察院右副都御史、辽东经略熊廷弼。

他的罪名有两个：一是任职期间丢失广宁，败坏辽东战局；二是待罪之中仍贿赂东林党，以图脱死。

熊廷弼被押下囚车，走上断头台，刽子手强压着昂首挺立的熊廷弼跪下。午时三刻，验明正身——熊廷弼，字飞百，号芝冈，湖广江夏人，时年56岁。监斩官在他名字上勾上红圈，将令牌扔入场中。

一声"开斩"，刽子手手起刀落，但竟然没有一刀把脖子砍断，只能以刀为锯反复切割，方才把熊廷弼的头割下，场面惨不忍睹。显然，刽子手受人指使，要熊廷弼到死还受罪。

随后，熊廷弼的无头尸体被弃市，首级被放入木盒之内，快马传首九边，以儆效尤。

此时，距离广宁失陷已经过去3年，距离熊廷弼首度经略辽东过去了6年，大明与努尔哈赤的辽东战争业已进入第7个年头。

大明帝国经历了萨尔浒大战、辽沈失陷、广宁失守三场大败，损失兵马几十万，损失钱粮上千万。辽东的边境战争，正将帝国拖入经济破产、社会骚动的巨大危机之中，这场危机深入每个人的灵魂深处。

熊廷弼，是大明朝对抗后金军的名将，前继萨尔浒惨败，后启袁崇焕。假如熊廷弼不死，他能否力挽狂澜，逆转大明在辽东战争中的败局？

遥想天启元年（1621年），皇帝拜将之时，赐熊廷弼敕书一道、尚方剑一把，副总兵而下（含）允其先斩后奏，除此之外，还赐给熊廷弼大红麒麟一品官服、纻丝4表里、银50两，并赐宴都城外，五府、戎政、部院堂上掌印官陪宴饯行。昔日，恩宠无以复加；今日，下场如此凄惨。

熊廷弼之死，牵扯了天启皇帝、魏忠贤、叶向高、孙承宗、杨涟、左光斗等人的恩怨情仇，触发了天启年间朝堂之中无人能逃的血腥党争。那么，在这场最终导致东林党、阉党湮灭的重大历史事件中，熊廷弼到底扮演了怎样的角色？

想要回答这一切，必须把时钟拨回万历三十五年（1607年），从熊廷弼升任御史的时刻说起……

万历三十五年（1607年）八月初一，大明帝国如同往年一样，在平静中度过。唯一值得一提的是，这天晚上，人们在南阳的夜空中看到一颗苍白的彗星，由西南向西北划过天际。彗星在那时不是什么好东西，民间通常把它称为"扫帚星"。

大明的天空出现扫帚星，自然引起了有关方面的重视。兵科都给事中宋一韩给万历皇帝上了一封奏疏说：我朝200多年，彗星只见过17次，这肯定不是什么好事，我看它从西南向西北，莫非西北要出事情？

与此同时，在地球的另一端有位德国人也看到了这颗彗星，他叫开普勒。但，无论宋一韩还是开普勒都不知道这颗彗星是怎么回事，直到100年后，一位叫哈雷的英国人才发表了论文，推测地球人每隔76年会看到这颗彗星。乾隆二十四年（1759年）三月，彗星"如约而至"，它就是如今大家都知道的哈雷彗星。

宋一韩不是天文学家，他关注的不是这彗星什么时候出现。古代臣子借着天象说事，是常规操作，而且多数要对朝政说三道四，甚至是要吐槽皇帝的。果然，宋一韩借此事向万历皇帝絮絮叨叨地说了一大筐车轱辘话，最后把话题引到了税监问题上。

他大骂万历皇帝派往全国各地的收税太监，从广东的李凤到江西的潘相，从天津的马堂再到张烨、胡滨之流，说：正是因为这些没根的小人在地方横征暴敛、鱼肉百姓，才导致彗星出现，这是上天对皇上您的警示啊。

显然，从彗星到西北国防，再到税监问题，这则奏疏没有逻辑可言。但万历皇帝也不生气，只是把奏疏留中不发，也就是压在宫里不闻不问——这是过去几十年里，这位皇帝与各路文官打交道的惯用手段。

在奏疏中，宋一韩提到一个名字——高淮，万历皇帝派往辽东的收税太监。请大家记住这个名字，他将在之后的一年，持续搅动大明的朝局。

这个看上去平静的帝国，实际上暗流汹涌。八月初六，万历皇帝批了太仆寺10万两银子以赈济京城及北直隶灾荒；八月十三，他又批示把30万两太仆寺的银子借给户部，以解边关饷银燃眉之急。

一边灾荒，一边边关闹饷，都是让万历皇帝非常郁闷的事，偏偏此时太仆寺少卿李思孝又给他送上一封更为闹心的奏疏，说帝国的钱库在万历爷爷嘉靖、老爹隆庆时还有1000多万两的存款，可是这几十年下来，又是打仗，又是办皇家婚礼，存款只剩27万两银子。

简而言之——大明朝没钱了。

负能量接踵而来。只隔了一天，陕西就发生了地震；接连几天，帝国各地官员又报告看到了扫帚星。扫帚星久久不愿离开人们的视野，看来灾祸不会小。

遇上扫帚星和地震同时出现，自诩胸怀天下的文官们，怎么可能不说道说道。官员们纷纷上疏，在他们眼里，朝政这也不好，那也不是。万历皇帝除了把这些硌硬人的奏疏一一留中之外，也别无他法。

万历三十五年（1607年）的八月就这么乱哄哄地你方唱罢我方登场，但这个月也并非都是负面新闻。

八月初三，就在宋一韩酝酿着满腔为民请命的浩然之气，奋笔疾书的时候，大明吏部和都察院通过了官员考选的榜单，总共有42人将被委以科道言官的重任。

这些人里，有未来官至左都御史、吏部尚书的房壮丽，有做到两广总督的何士晋，官至巡抚的也有好几位。其中还有一位未来将在这个帝国国防大业中举足轻重的人物——熊廷弼。这一年他不过39岁，刚在工部主事上干满3年。这3年里，他勤勤恳恳地参与修复三大殿的工程，想必也因此得到了皇帝的赏识。在熊廷弼之后紧接着一个名字——荆养乔。5年之后，熊廷弼与荆养乔将会发生激烈的交锋。只是此时他们不过是都察院候补官员，正期待着巡按御史这个品级不高，却又极其重要的职位。

大规模外放御史可能是这个八月唯一的好消息。若干年来，这位脚有残疾、走路不利索，特别不爱上班的万历皇帝终于不再放任官员的空缺。但这些即将出发的八府巡按们，面临的却是一个看似平静无波，实际上暗流涌动的帝国。

第一章　高淮乱辽，砥石破茧

在明朝的公文系统里，辽东有个建州女真的部落酋长叫"奴儿哈赤"，他在大明藩国朝鲜的公文中叫"老乙可赤"，明朝与朝鲜又时常将他蔑称为"奴酋""老贼""老酋"，而在现代史书里，他是"努尔哈赤"。无论怎么称呼，他都是晚明无法绕过的名字。

在万历三十五年（1607年），努尔哈赤还非常低调，甚至整整一年，《明实录》中都看不到他的名字。但对与建州女真隔着鸭绿江相望的朝鲜来说，努尔哈赤就没那么安静了。在这一年里，"老乙可赤""老贼""老酋"的消息几乎每个月都出现在朝鲜的公文系统中。

二月，努尔哈赤派了3名使者前往朝鲜，说他本来是蒙古人后代，向往中国文化，而布哈泰是坏人，杀掠周围的部落，所以他起兵讨伐他们，也是为了帮助朝鲜消除威胁。

为何努尔哈赤要向朝鲜说这么一番话？布哈泰是什么人？努尔哈赤又为什么要讨伐他呢？

努尔哈赤所言的讨伐布哈泰，是万历三十五年（1607年）一月，建州女真与海西女真乌拉部之间的一场部落战争。双方在乌碣岩大战一场，三千建州女真兵马大破一万乌拉军，斩杀了乌拉三千余众，得马匹五千、甲胄三千，大获全胜。布哈泰就是乌拉部的酋长。乌拉部，就是日后经常出现在清宫后妃名字里的乌拉那拉氏的母族。

这只是努尔哈赤统一女真诸部的战争中不太起眼的一场，但已经把一衣带水的朝鲜吓得不轻。

努尔哈赤率获胜之军绕道朝鲜庆源城返回，穿越朝鲜如入无人之境。这种相当于军事游行的做法，让朝鲜上下不寒而栗，认为"老酋"故意为之，目的是宣示武力，况且"老乙可赤"还自称"聪睿恭敬汗"，其野心不小，于是朝鲜派人向大明打了"小报告"。

此时的大明辽东边镇，并没有精力对朝鲜的"小报告"给予足够的重视，当地官员认为还有更重要的事情要做：辽东正在被一位文官嘴里的"奸佞"祸害，即为皇上收税的太监高淮为非作歹，正在动摇帝国东北边陲的国防根基。

辽东对于大明而言是边防最前线，离京城不过千里，号称"神京左臂"。在过去200年中，辽东并不是帝国边防最要紧的地方，宣大、蓟镇这些直接拱卫京师的边镇比辽东重要多了。但是，当老旧的帝国走入万历中后期，人们就隐隐地感到辽东不安宁了，从高淮开始，一系列的政治、经济、军事危机便陆续降临边塞，辽东终将成为帝国的心腹大患。

就在这个重要的历史时刻，御史熊廷弼"空降"辽东，开启了他跌宕起伏的边塞人生。

一、税监高淮

万历三十五年（1607年）正月十五刚过，辽东巡按萧淳就把过年期间拟定的一封奏疏递到了中央。他说：辽东比邻蒙古、女真，兵凶战危，狡猾的夷人屡屡犯边，而税使高淮自从到了辽东以来，敲诈勒索，导致民不聊生，再这么任由高淮祸害下去，辽东危在旦夕。

萧淳这封奏疏,可谓刀刀见血、字字诛心,直指税收工作已经动摇了国防大业。只是这封奏疏再厉害,也敌不过皇帝打太极,万历将奏疏留中不发,萧淳也无可奈何。

接下来,官员们前赴后继对高淮展开斗争。八月有前面引子中提到的宋一韩上疏,到了十一月,则有吏科给事中姚士慎上疏,大骂高淮祸乱辽东,辽人恨不得剥他的皮,吃他的肉。

为什么大明朝堂如此多的官员对高淮恨之入骨,欲除之而后快,而万历皇帝一而再,再而三地对文官的弹劾不闻不问,竭力保护一个太监呢?

我们再把时间拨回到万历二十七年(1599年),这一年的三月,高淮奉旨去辽东收税。他年轻时是"混社会"的,在崇文门"收费站"混了个包税的工作。崇文门是大明重要的过路费征收点,万历朝每年收各色银子达68929两之多。

他的这份工作就是按照政府的定额,向来往客商、车马收过路费。通常他们不可能只按实际收取,都要再盘剥一道。

这么大的一笔寻租利益,高淮也没法独吞,留了自己的,交了集体的("孝敬"上级),剩下来的才是国家的。干了几年,高淮深深体会到收税差事的好处,寻思着找个更能牟利的路子。

正好,高淮遇到了万历皇帝最缺钱的时候,从万历二十四年也就是1596年开始,连续两年紫禁城都"被雷劈了",乾清宫、三大殿等好几处重要宫殿都被一把火烧了个干净。重修紫禁城产生了上千万两银子的缺口,为了凑这笔土木预算,万历皇帝想出了一招——收矿税。

万历年间,大明朝的经济还是蛮发达的,民间手工业、商业蓬勃发展,但政府怎么就收不上税呢?比如万历八年(1580

年），大明八大征收过路费的钞关，收入从原来定额32.55万两降到了16.2299万两，而商税收入，一年只有15万两银子。在万历早期，工商业的税收全年只有94.3万两银子。

既然正常的政府系统收不上来，万历皇帝就派自己人——太监去收吧。从万历二十四年（1596年）开始，代表皇帝收税的太监就被派往了全国各地。所谓矿税，其实不仅仅是开矿或者冶金矿产的税，还包括各种商业杂税。

对于狠人高淮而言，机会终于来了。这时的他，已经混到了内廷十二监尚膳监的监丞，正五品的紫禁城厨房四把手。

别看高淮只是社会人出身，但他锐意创新，眼光独到地给万历皇帝算了一笔账——辽东虽然偏僻，但环境保护做得好，金山银山、人参貂皮、飞鹰马匹应有尽有，不正是棒打狍子瓢舀鱼，野鸡飞到饭锅里的富庶之地吗？要是把税收工作搞上去，每年最少能搞到3.2万两银子，再在盖州发展资源性工业银矿，在广宁搞边境贸易马市，东北经济不就振兴了吗？

听到这番说辞，万历皇帝立马有了主意：高淮多年从事税收行业，对数目特别敏感，加上想法不错，不正是朕所需要的人吗？

万历二十七年（1599年）三月，经阎大经请奏推荐，皇帝下旨，派遣高淮率领阎大经等人出关开矿征税，并且亲赐"福阳店"几个大字。高淮拿到皇帝题字后，立马打出"奉谕旨征收国助"的大旗，在山海关设卡：要从此路过，留下买路财。

只是，高淮的买卖从他出关开始就被文官们盯着，就在皇上题字的时候，贵州道御史涂宗浚已经把高淮告到了御前。从涂宗浚开始，奉旨开店的高淮与文官们长达9年的宫斗大戏拉开了帷幕。

万历二十九年（1601年）二月，一场官场风暴刮过平静的万历朝堂——辽东官场变天了。二月二十五日，万历皇帝雷霆震怒，以镇守辽东总兵官马林蔑视旨意、玩忽法度的罪名罢免之，命革职闲住，永不叙用。开缺的位置，万历皇帝命有关部门赶紧推选将领继任。

圣旨一下，满朝哗然——马林被罢竟然是因为税监高淮的参劾奏疏。因为一个太监的参劾罢免了"辽东军区总司令"，这等事实在太惊人了。

弹劾武将难道不应该由文官来干吗？本着"敌人的敌人就是朋友"的原则，"国防部"的兵科给事中侯先春，兵部职方司郎中张主敬，员外甯时镆，主事桑学夔、王惟简等官员群起上疏，为马林申辩。

三月初五，万历皇帝在看到兵部成群结队为马林求情的奏疏后，雷霆震怒，再下严旨斥责，以结党为名，办了以侯先春为首的一大串下级文官。

高淮在辽期间，辽东巡按王业弘、永平府通判罗大器先后因与高淮"作对"而去职。到了现在，他再来一封"小报告"，竟然把"辽东军区总司令"拉下马来。

首辅沈一贯倒也不藏着，在他的一封奏疏中把皇权与文官之间的矛盾说得明明白白：镇守太监是嘉靖皇帝罢停的制度，作为他的孙子，您要是恢复这个制度，您祖宗都不会放过您，更何况，这厮要夺兵权，到底想干什么？

沈一贯说出了文官所忌惮的核心问题：高淮的官职里，第一项就是钦差镇守辽东等处，这意味着他是辽东的镇守太监。镇守太监制度，从仁宗开始到嘉靖皇帝，历时百余年，已经在嘉靖年间被废止了。万历的圣旨岂不是让文官好不容易夺过来的权力再度旁落，镇守太监死灰复燃？

这可不行。所以从高淮到达辽东那一刻起，文官集团就没完没了，前赴后继地与之战斗。这场争斗注定不会停止，直到有一方倒下。

在文官奏疏里，高淮在辽前后9年，其主要罪状有二：一个是放纵税吏横征暴敛，另一个是搅乱了军事指挥。

在税收业务上，高淮的确非常认真，大学士朱赓的奏疏讲了这么一件事：

> 春间当雪深丈余人烟几断之时，（高淮）带领家丁数百人，自前屯起，辽阳、镇江、金、复、海、盖一带大小城堡，无不迂回遍历，但有百金上下之家，尽行搜刮，得银不下十数万，闾阎一空。[1]

谁能想到这个大太监能够在春季雪深的时候，亲自带队下乡收税，难道高淮是那种个人品质特别好、尽忠职守的另类？当然不是。所谓无利不起早，高淮继续奉行了当初在崇文门收税的路数，在辽9年，赚得盆满钵满。

不仅如此，高淮自己赚一分，下面的官吏也要狐假虎威再捞一分。日后熊廷弼巡按辽东，就揭发过类似的情况：游击郭济川在高淮回京时，为了凑礼物，拷索手下及商人收取东珠10余颗、金子20两、丝银100两上供，自己留下绣缎4匹、绫罗2匹、杭绣6匹；守备郭巍然，当高淮向他摊派财物，他就转嫁手下700余名

---

[1] 朱赓：《论辽东税监高淮揭》，载《明经世文编》卷四三六《朱文懿公文集》，中华书局1962年版，第4776页。

军兵，派一收二，上缴之后，自己留下价值100两的财物。

对此，熊廷弼也认为，每年征税3万多两以致辽东民穷财尽，许多边民逃跑到"夷虏"那边，税基继续遭到破坏，边防失去民众支持就是无源之水，因此征收的税银与辽东所受损害比起来，是得不偿失的。但熊廷弼只说其一，却没有深入发掘辽东衰败的来龙去脉。

辽东的历史情况是正税越收越少。永乐年间辽东屯粮产出有70万石，朝廷只要每年支付1万两的京运年例银（每年从北京岁入中划出的边镇粮饷）就能养活军队。后来粮产一直下跌，正德年间跌到24万石，嘉靖三十九年（1560年）回升到30万石，但到了万历三十年（1602），屯粮产出又跌到了27.9万石，朝廷每年要支付京运年例银41万两填这个窟窿，这还不包括其他民运银、盐税收入。

由此可见，高淮在辽东每年刮走的3万多两，很多是这些之前本来该收，却收不上来的税。那么这些该收却没收的屯粮税赋都跑哪儿去了呢？

一来就是屯地的侵占。从明朝后期开始，文武官员把屯田当成了自己的"提款机"，如嘉靖时，从镇守太监白怀、总兵麻循，到副总兵张铭、参将萧滓、分守监丞卢安、游击将军傅瀚，你占二三百顷，他占十余顷，很快屯田就被分走不少。另一个就是逃军。军户可以说是明朝最惨的人，一方面要拿起武器打仗，另一方面还要做军屯的农民，而这个"农民"还要交比普通百姓高得多的税。拿辽东军户来说，一个军户种50亩地要缴纳余粮12石，按明朝地产平均每亩一石来算，军户近四分之一的产出要上缴。

除此以外，军户还要承担无穷无尽的徭役，如修建边墙、水利，卫所各级官员的私活也随意征调军户承担。过去军户靠家中剩余丁口做其他活计以维持生存，但军头占役以及余丁因不断被抽调入伍而减少，造成军户破产，于是受不了层层盘剥的军户开始逃亡。嘉靖时，军户不断逃回内地，而且"累经清勾，未见解报"，致使辽东"行伍日见其空"。①

到嘉隆万年间，军屯名存实亡。隆庆年间，给事中魏时亮在奏疏中说："盖辽之困穷极矣。自嘉靖三十八、（三十）九年间，全辽岁欠，一望绝烟，丁壮死亡，十空八九。"②由此可见，辽东从嘉靖年间就开始破败，到万历年间已经病入膏肓。

万历面对辽东越来越少的收成，以及北京逐渐增加的京运年例银负担，自然希望高淮能给他带来新的经济增长点。

但高淮越"勤奋"，百姓越遭殃，或逃跑，或反抗，或认命，辽东形势只会越来越坏。这便是吴思所说的"崇祯死弯"，只是比崇祯要面对的困境提早了几十年。

对高淮的诟病，还有一条非常重的"轻启边衅，破坏战守"。前面说过，高淮以镇守太监之名插手军事，在他的报告中，多有涉及军务的内容。明朝皇帝向来有厂卫递交信息，作为了解朝野形势的补充。

镇守太监本来就有插手军事之权，面对这些文官的"诋毁"，自然不会受到皇帝的责怪。皇帝的宠信让高淮有点"飘"，他不仅在辽东刮地皮，还把手伸向了属国朝鲜。

收税就是搞钱，明末官场上，碰钱的都是美差。即使没有高

---

① 刘效祖撰，彭勇、崔继来校注：《四镇三关志校注》，中州古籍出版社2018年版，第522页。

② 魏时亮：《为重镇危苦已极恳乞申饬休养疏》，载《明经世文编》卷三七〇《魏敬吾文集一》，第3999页。

淮，辽东文武贪墨的也不少，但高淮的存在严重侵害了辽东文武的灰色利益，饭碗被抢，不共戴天。

插手军事更加得罪了文武两阵营，连总兵都被他弹劾而去，那些武将固然无法安寝，文官更睡不着觉：高淮把文官的弹劾权都抢走了，以后武将还会怕文官（上贡）吗？最后高淮向朝鲜征发财物，进一步得罪了朝鲜。他一来，直接动了所有人的蛋糕，不赶走他能行吗？

当时协理京营戎政尚书李化龙惊呼：辽左危在旦夕！他认为高淮已经动摇了国防大业的根基，辽事已不可为，并进一步提出如果辽亡则京师也会受到直接威胁。

但无论文官怎么上奏，万历就是不处理，这又是为何呢？

二、大明朝的囚徒困境

"高淮税辽"实际上牵扯着一个纵贯大明一朝、比收税重要得多的问题——大明朝政中的各方权力，文武官员和太监都是陷入困境中的"囚徒"。

经典的"囚徒困境"是这样的——

警方逮捕甲、乙两名嫌疑犯，但没有足够证据指控二人有罪。于是，警方分开囚禁嫌疑犯，分别和二人见面，并向双方提供以下相同的选择：若一人认罪并做证检举对方（"背叛"对方），而对方保持沉默，则检举人将即时获释，沉默者将判监10年；若二人都保持沉默（互相"合作"），由于证据不足，则二人同样判监半年；若二人都互相检举（互相"背叛"），则二人同样判监5年。

这个模型有一个前提，就是人都是利己的，都要寻求自身最大利益。

从理性分析这个模型，很明显，双方只要都保持沉默，就能得到只判半年的次好结果。但是，两人被分开囚禁时，会因无法沟通而不知道对方的选择，或者纵然可以沟通，也大概率不相信对方的选择。在此情况下，选择逻辑就会变成，只要检举对方，最差结果就是被判5年，最好结果是无罪释放（假如对方保持沉默），但保持沉默可能获得最差结果被判10年。

这场博弈中唯一可能达到的"纳什均衡"①，就是双方参与者都背叛对方，结果二人同样服刑5年。

原来，明朝权力结构是文武相争，经过200年的斗争，文官集团已经稳占上风，帝国确立了以文驭武的原则，权力结构已经稳定下来。大部分地方的文武官员沆瀣一气，组成了利益共同体。一旦文武双方形成了互相沉默的第二种模式，要倒霉的自然是皇帝，他立马就会成为被臣下勾结起来对抗的一方。

所以，皇帝要派出高淮，让他成为打破这潭死水的石头，让他去重构辽东的"纳什均衡"。

在辽东的新形势下，官员想要勾结太监，虽然最终他们的确做到了，但需要足够的时间和条件。加入游戏的各方必须互相信任，但大明的文官与太监有着血海深仇，几无调和的余地，要让他们短时间内形成互信，不啻痴人说梦。

据统计，高淮在辽9年，被他弹劾去职的文武官员有5人，上至总兵巡按，下至通判同知，文武皆有。

由此可见，高淮的加入，让辽东再度形成了"囚徒困境"：

---

① 纳什均衡：在包含两个或以上参与者的非合作博弈中，每个参与者都选择有利于自己的策略，并且没有玩家可以通过改变策略，令其他因保持自己策略不变的参与者获益，那么当前的策略选择的集合及其相应的结果构成了纳什均衡。

高淮与文官集团互相检举揭发，让处在仲裁者位置上的皇帝重新获得了优势。

此外，在万历皇帝看来，高淮还承担着"为朕之耳目"的作用。万历皇帝庙号神宗，后人说他懒政，不爱上班，对政事全然不管。其实这位皇帝只是选择性懒惰而已，对于军国大事，他可丝毫不会放手。

在辽东军政上，除了攻击高淮、弹劾官员的奏疏，万历皇帝悉数回复。这些回复里，充满了对手下官员尸位素餐、不肯负责的不满——这些官员对军政大事模棱两可，经常延误工作，只会喊着增粮增饷，但粮饷增加后却不琢磨如何提高军队战斗力，反而以各种方式浪费贪污。

对于文官武将形成的利益共同体，万历皇帝非常不信任！

有多不信任？我们可以看一件事。万历二十七年（1599年）四月，朝鲜贡使右议政李恒福、副使李廷龟觐见万历皇帝，皇帝和正副两位贡使聊了好半天，本来是走过场的会面，却越聊越深入。

万历问："鞑子声息如何？""努尔哈赤声息如何？"还特意问了"李如松的尸首找到没有"。万历皇帝简直就如兵部职方司、巡边御史一般，认真了解边境安全问题，甚至对李如松尸首等细节都特别关注。

不觉得这里有什么问题吗？皇帝所问，难道不应该由大明的文武官员给出答案吗？现在万历竟然要向朝鲜官员了解情况，岂不是说明皇帝对自家情报系统完全不信任吗？

嘉靖时，武定侯郭勋曾挑破了皇帝、太监、文武官员之间的关系："官吏贪浊，由陛下无心腹耳目之人在四方。"①很大程度上，高淮充当了皇帝的耳目。

这场权力的斗争贯穿了从万历二十七年（1599年）到万历三十六年（1608年）整整9年时间，而辽东的形势也在这9年里逐步败坏。在文官书写的历史记载中，高淮是这一切的罪魁祸首。

皇帝既然"包庇"，也就逼着文武官员使出了极端手段。万历三十六年（1608年）五月，大学士朱赓突然报告了一个坏消息：四月前屯卫军鼓噪而起，松山随后军变，山海关内外军民怨恨高淮，聚众数千围攻税店，高淮率领手下的家丁逃回了山海关。

高淮在奔入山海关的时候，还捎带状告金州（今大连金州区）海防同知王邦才、参将李获阳杀害税吏，拦劫解送给大内的钱粮。万历知情后，第一个反应是将王邦才、李获阳逮问，但此举激起了更大的哗变。

不仅边关哗变，科道官员也由大学士朱赓领衔，趁机群起而攻之。到了六月底，万历等来了第三方的消息——蓟辽总督蹇达的奏疏。蹇达数落了高淮一番，请万历裁撤高淮。到了这时，万历才不得不同意将高淮拿回京师查办。

事已至此，似乎高淮官逼民反的罪名已经可以坐实了。皆大欢喜，文官历经9年不懈的努力终于将高淮斗倒了。

但是，这事总有点怪怪的，整个事件中疑点重重。首先，王邦才不是金州海防同知吗？如果有民变难道不应该发生在金州吗？为何事件爆发在锦州、松山？其次，朱赓最早的奏报中有个不起眼的细节，让此事疑窦丛生。

---

① 张廷玉等：《明史》卷二一〇《谢瑜传》，中华书局1974年版，第5550页。

朱赓在奏疏里汇报了一个情况："又各镇额饷屡请不发，以此饥军合于乱众。"①这句话提供了一个非常重要的信息，即朱赓报告明军的哗变是欠饷导致的。但押饷的是文官，发饷的是武将，欠饷这事还真的跟高淮没关系。

这事太蹊跷了，到底是文武官员利用闹饷哗变，顺手把高淮拉扯进去，还是背后有人怂恿军民，借闹饷之名来驱逐高淮呢？历史没有给出明确证据，读者可以自行分析。总之，为了平息哗变，高淮最终背上黑锅回了北京。

高淮被驱逐了，辽东的局势就能转危为安了吗？未必。万历三十六年（1608年）六月初一，就在朝堂上因为辽东军哗变，满朝文武纷纷出力要将高淮拉下马的时候，兵科都给事中宋一韩上奏弹劾巡抚赵楫、总兵李成梁，把辽东这摊烂泥炸出了一个大坑。

万历皇帝看到宋一韩的奏疏，勃然大怒，一改留中不发的"懒政"态度，立刻把奏章下发兵部：查！查个水落石出！

万历三十六年（1608年）的夏天，税监高淮引发了大明朝皇权与文武两阵营的一场团战：代表士大夫阶层的文官与代表地方封建势力的武将，为了相同的利益暂时团结到一起，用互相保持沉默的模式，打破了"囚徒困境"，最终不惜借助兵变民变，赶走了代表皇帝的高淮。

但文官和武将的利益捆绑，立刻给万历展示了手下臣子挣脱"囚徒困境"之后的恶果。一年多前，辽东巡抚赵楫与总兵李成梁上报，开拓了宽奠等地6座城堡，有6万多军民在此地耕种纳粮。为国开疆拓土，对于陆权帝国而言，自然是大喜事，当时万

① 《神宗显皇帝实录》卷四四六万历三十六年五月二十九日条。

历皇帝龙颜大悦，对赵楫、李成梁等人大加封赏。

但没想到，才不到两年，宋一韩就告诉皇帝：这事可能有诈，因为最近赵李二人口风变了，原来开疆拓土的军民现在变成了"逃民"。如果他们是逃民，那原来划入囊中的人和地就都没了，开拓的6座城堡岂不是化外之地？这到底是怎么回事？

为了搞清楚这件关涉封疆大事的案子，朝廷需要派出一位得力官员前往查勘。熊廷弼的名字被摆在了皇帝面前，还记得去年哈雷彗星扫过的时候，熊廷弼和一批官员被任命为御史，即将为国巡守四方。

熊廷弼担任过工部主事，其认真做事、锱铢必较的风格简在帝心，而且他是朝堂上少有的文武全才，传说能左右开硬弓。对辽东这个烂摊子来说，他是再合适不过的人选了。

朝廷很快发谕，着熊廷弼以浙江道御史巡按辽东。年届不惑的熊廷弼第一次踏足辽东，这块纠结着他一生荣辱的土地。

熊廷弼的首要任务就是查勘辽东弃地一案。只是他一出马就遇到了一个难搞的对手——那个八千家丁横行辽东，跺跺脚蒙古、女真部落就要地震的镇守辽东总兵官、宁远伯李成梁。

三、辽东不平静

李成梁祖上李英是朝鲜人，早年归化到了辽东，于是李成梁就成了铁岭的一名军户。作为一位大器晚成的将领，他早先郁郁不得志，无法继承军户职位，40岁的时候还在家里攻读诗书。直到嘉靖末年，李成梁才承袭了指挥佥事，后来屡建军功，被擢升为参将、副将。

隆庆四年（1570年），辽东总兵王治道阵亡，李成梁论资排辈升为辽东总兵，由此开始了他威风八面的军事生涯。他捣袭蒙古，压制女真，凭借手中八千名以外族降奴为主的家丁力量，打出了辽东整整20年的和平。万历六年（1578年），李成梁凭着"两百年来未有之军功"封宁远伯，成为大明在辽东的"擎天白玉柱、架海紫金梁"。

只是李成梁军功太盛，免不了被文官猜忌。万历十九年（1591年），御史张鹤鸣弹劾他杀良冒功，于是李成梁被一贬到底，从此在家闲住。这是他第一段辽东总兵生涯。

李成梁被罢免之后，辽东陷入群龙无首的状态，十年间八换总兵，没有一个能待长久，即使勇悍如马林也坚持不下去。

万历二十九年（1601年）三月初，由高淮掀起的弹劾辽东总兵马林的风波渐渐平复。但辽东总兵的位置空缺，皇帝也很着急，马林罢官3天之后，万历让有关部门赶紧推举一位威名远播、有勇有谋、能攻善守的大将接任辽东总兵。

这三个标准乍看没有什么特别的，但明眼人一眼看出，除了李成梁，还有谁堪当大任？这就叫"因人设岗"，万历的意思是明摆着的。

三月二十日，圣旨下，宁远伯李成梁挂印镇守辽东总兵。李爵爷过往业绩优良，跺跺脚辽东大地就得抖三抖。朝廷穷嘛，迄今为止，已经欠了辽东粮饷3年，不派出一尊大神，如何镇得住日益崩溃的边疆形势？万历的小算盘打得很精。

李成梁到辽之后，第一件事就是恢复了自万历二十六年（1598年）开始中断的马市、木市，重新与外族做起了贸易。

到了万历三十四年（1606年）八月，万历皇帝又开心了一把，因为在辽东靠近朝鲜的宽奠等处又新筑了6座边堡，多了800里江山，6万多子民在此地繁衍生息。皇上一高兴，人人有赏，蓟辽总督塞达、巡抚赵楫、总兵李成梁，乃至朝堂上的兵部尚书、职方司官员都有赏赐，甚至领地与辽东相连的建州女真酋长努尔哈赤也获赐银两。

海晏河清，开疆拓土，上下有赏，皆大欢喜。辽东形势不是小好，而是一片大好。万历有理由相信，他的帝国正走在正确的道路上。

然而，他的臣子告诉他，千万别有这样的错觉。

万历三十六年（1608年）的春天，礼部觉得哪里有点不对劲，辽东有个小酋长好像有些日子不来进贡了。自从万历三十四年（1606年）六月以来，努尔哈赤音讯全无。于是辽东巡抚和总兵上奏，要求处斩这样一个不恭不敬、野心勃勃的小酋长，给建州女真一点教训。

但礼部表示反对，认为建州女真羽翼已丰，攻灭了叶赫部的布寨、哈达部的猛骨孛罗，只剩叶赫部的那林孛罗在抚顺北关苦苦支撑。努尔哈赤已经拥兵三万，而辽东明军号称有兵八万，但真正能打的家丁还不到八千。礼部指出，这样的形势下就不要兴师问罪了，不如先礼后兵，先拿来问罪，如果他悔罪就罢了，如若不然再动刀兵。

礼部的奏章洋洋洒洒，把女真人的情况调查得很仔细，信息基本准确，这说明大明的情报系统并无太大差池。打，还是不打？就在大明朝廷对这个野心勃勃的酋长首鼠两端的时候，事情还是找上门来了。

这一年春天，努尔哈赤意图兼并海西女真胡刺温部。在互相征伐中，努尔哈赤将鸭绿江上一系列女真小部落吞并，其中有一部叫"回波"，建州女真还绕道朝鲜国境内前去攻打，完全没有将朝鲜放在眼里。

朝鲜连忙派使臣前往大明朝廷报告。此行的任务除了告状之外，最重要的还是为新上任的朝鲜国王光海君李珲请求册封。朝鲜国王作为藩王，继位必须得到大明的册封确认，才算是名正言顺。

过去，求册封不过是走走形式，但这一次，大明礼部却突然打起了官腔，以请告文书不合规则为由，给了朝鲜使臣一碗闭门羹。为什么历来是走过场的事，如今天朝上国却要从中作梗呢？

真实的原因在于，光海君李珲是朝鲜上一代国王宣祖庶出的王子，且不是长子。根据"立嫡不立庶、立长不立幼"的继承原则，在没有王嫡子的情况下，通常都应该立王长子继位。

光海君李珲上面还有一个王长子临海君，但前任朝鲜国王宣祖以临海君不似人臣、行为不端为由，废长立幼，钦点光海君李珲为世子。但世子册立也是要大明点头的。在请求大明册立世子的时候，大明礼部曾五度拒绝朝鲜的求封。到宣祖驾崩时，光海君李珲的世子身份还是没有得到大明的册封确认。大明礼部的意思就一条：你们有王长子，为什么不让王长子当国王？

受封不顺利，光海君李珲也挺冤的，他完全是在为大明朝自己的家事背黑锅。全因万历在册立太子的时候，就想过废长立幼，不喜欢宫女所生的朱常洛，想立郑贵妃的儿子朱常洵为太子。大明的文官系统为此进行了长达几十年的争国本行动，偏偏属国朝鲜也闹这么一出，岂不是更让礼部官员觉得讨厌，因此一直拖着不给办事。直到光海君李珲继位了，还是那副嘴脸，就是不办。

别小看大明对朝鲜王室的影响，光海君李珲正因为在册封问题上吃了挂落，落下了得位不正的病根，也为日后被政变推翻埋下了隐患。只是这时候，除了礼部从中作梗，还有更大的危机威胁着朝鲜。

前述李成梁和辽东巡抚赵楫，正面临宽奠六堡得而复失的弹劾，也许是为了减轻压力，企图一把翻盘，两人一经合计，给朝廷秘密上了一份揭帖（贴封密奏）：以朝鲜王位继承兄弟相争、新王得国不正为由，干脆一不做二不休，派兵过去把朝鲜给灭了，废除属国，另立郡县。

李成梁和赵楫的馊主意连缓兵之计都算不上，自然无法得到任何支持。在朝中史学迁、宋一韩连章疏劾之下，他们随即迎来一位新的巡按——素以耿直、能吏著称的"江夏大炮"熊廷弼。

四、艰苦少年

隆庆三年（1569年），熊廷弼出生在湖广武昌府江夏县，也就是今天武汉市武昌区近郊的农村。熊家本是南昌人，自曾祖熊道兴来到江夏，便定居于此。

熊家世代务农，家庭贫苦，连耕读传家都不算，经过数代的努力，到了熊廷弼这代，家里才有余财供养子弟上学。熊廷弼的经历，是一个穷人家的孩子通过刻苦攻读实现阶层跃升的故事。

家庭的穷困，让熊廷弼的学业一波三折。好不容易开学启蒙之后，因为家穷，熊廷弼很快又没法继续就读，只能回家当了个牧童，放牛帮补家用。但他很喜欢读书，时常将写春秋、秦、汉、三国、唐、宋史事的话本演义借来捧读。熊父看到了，非常高兴，觉得儿子是读书的料，这才咬咬牙继续送他去私塾读书。从熊廷弼的晋升之路可以看出，他是个绝顶聪明的人，在私塾的时候他就已经冠绝同侪，每次考试都名列前茅。

　　只是好景不长，万历十六年（1588年）至十八年（1590年），湖广连续几年旱灾歉收，熊家也陷入了困顿之中。此时已到弱冠之年的熊廷弼，白天边牧牛边读书，晚上还要挑粪。连年受灾，熊家卖房卖地，驱散奴仆，直至家财耗尽，仍难度荒年。全家断炊，只能待在家里奄奄一息。

　　熊家本指望亲朋好友周济，特别是平时一谈起熊廷弼，就以其文章向他人标榜的同乡士绅，可到了大饥荒之时，各家自顾不暇，哪里还有余粮接济别人？唯一能给予他家一点帮助的，只有熊廷弼的姨母和卖油的邻居老皮夫妇。

　　在此危难之时，熊廷弼的学霸本色救了自家一命。每每到了揭不开锅快饿死的时候，熊廷弼都能通过府里的岁考，以优等成绩获得学府奖励的米粮，让家人熬过了难关。

　　所有人的性格都不会是无源之水、无本之木，日后熊廷弼强硬又尖酸刻薄的性格，就是在这种艰苦环境中养成的。灾荒年这段险些全家饿死的惨痛经历，对熊廷弼的刺激非常大，让他感慨人情冷暖，特别是平日里对他吹捧有加的士绅，到了关键时候都不见踪影。

　　熊廷弼有过一段流连酒肆的日子，喝醉了就撒酒疯骂人，然后卧睡酒肆之中。这段岁月对熊廷弼的性格塑造同样非常重要，从此以后他就成了桀骜不驯、性情倨傲之人。

　　借酒浇愁的熊廷弼，丧失了斗志，接连几次在乡试中落榜，父亲忧心如焚，积郁成疾，临终前对他说：我和你祖父都对你期望很大，很想看到你出人头地，只是我等不到那天了。说完便撒手人寰。

　　父亲的去世让熊廷弼悲痛万分。他洗心革面，在为父亲服孝期满后，参加万历二十五年（1597年）丁酉科乡试。这次破关而出的熊廷弼，已非吴下阿蒙，一举独占鳌头，高中湖广乡试解元。可惜，此时此刻，他的父祖都无法见证家门如此荣光。

熊廷弼能考取解元，是命运之神把大礼包砸到他的头上，本来他差点又没选上。这一年湖广乡试考官是"二冯"——翰林院编修冯有经和兵部主事冯上知。本来熊廷弼的卷子在房师（各房分考官）那里已经落选了，但他运气好，碰上了有"桃李春官"之称的冯上知。身为主考的冯上知巡视各房，在落卷中查看有没有被房师看走眼的，这叫"搜落卷"。结果真让他碰上了熊廷弼的卷子，仔细一读，冯上知拍案叫绝，不但把卷子搜了出来，还直接超拔为全省第一。可以说，冯上知对熊廷弼有天大的知遇之恩，不仅是他的座师，还是他的恩主。

要研究熊廷弼的政治面目，各级考试的座师、房师是必不可少的参考项。在大明科举中，考生与座师之间有说不清道不明的政治关系，更何况是因"搜落卷"被超拔为解元之人，一般被认为多少都会受座师的影响，日后在政坛上师生之间免不了互相提携。

冯上知与东林党的核心人物赵南星过从甚密，还在李三才弹劾案中做过孙丕扬的参谋，站在了东林党一方。冯上知虽不是东林一脉的核心人物，但也肯定是东林党的同路人，属于"中正"一党。

由此可见，熊廷弼在早期有着与"中正清流"相近的政治色彩。但这仅是早期而已，一个官员的政治派系，是会随着宦游日深而转变的，此乃后话暂且不表。

回到乡试时期，据说熊廷弼还参加过武举，善射，后来才转为习文。但习武之说要打个大问号，所谓穷文富武，习武不是穷人家玩得起的，学武艺要拜师，要买兵器，平时锻炼体魄得吃得好，想要弓马娴熟，还得养匹马。以熊廷弼家的穷困，如何能供养他习武？在他的自传中也从未提及练武的经历，所以习武之说经不起推敲，多半是附会之词。

乡试中式第二年（1598年），熊廷弼以解元身份参加会试，与温体仁、阎鸣泰、薛国用、梅守和等人同科中式，不过他这一次成绩一般，只被赐三甲同进士出身。但解元光环之下，熊廷弼的答卷仍一时为世人传读，而且他也在这时认识了对他一生宦途都有影响的同乡前辈——礼部尚书郭正域。

熊廷弼的"公务员"生涯是从"公检法系统"开始的，他的第一个官职是保定府推官。推官是一府中的"总理"，什么刑名、关饷、夏秋两税都得是分内之事。三十而立方才参加工作的熊廷弼，浑身有使不完的劲，所有繁重的工作，即来即处理，从不拖延。

在司法实践方面，熊廷弼的理念是"疑罪从无"，在任上有300多人被判无罪或从轻发落，一时间他被颂为"青天"。

对于征税业务，熊廷弼首先把府内本应停止却仍在征收的各种加派、耗羡进行统一整理，终止不合理的加派征收，又为整个征收过程订立细则，减少官吏贪污的漏洞，并请巡抚汪应蛟立牌通行北直各府。

汪应蛟对手下这位新科进士的能力非常惊讶：我知道你文章了得（解元嘛，肯定了得），还以为你是词臣（以文章闻名的官员，一般都是科举名列前茅的士人），没想到你对政事如此精通，我不如你。熊廷弼苦笑着回话：年少时家中贫困，各种乡间不平之事都遇到过，所以知道里面的弯弯绕。

这里要提一句，汪应蛟也是东林同路人。在天启年间，他作为户部尚书，曾力阻天启皇帝乳母客氏求墓地，并为此而罢官。

熊廷弼通过整理耗羡、加派，让保定府见底的常平仓①开始有了积蓄。万历二十八年（1600年）当地发生水灾，整个北直只有保定府有能力拿出2万石存粮开粥厂赈济灾民。

熊廷弼是典型的"实用型"官员，因为年幼吃过荒年的苦，也深知下层民众之苦，所以积极备荒，真正做到了"从群众中来，到群众中去"。在任6年，无论刑名关税，熊廷弼都办得明明白白，当各地推荐能吏之时，他拔得头筹，被评为"天下推官第一"。

此时，同为湖广老乡的朝中重臣郭正域得罪了首辅沈一贯，因坐妖书一案被调查，被他引为知己的熊廷弼多方联络搭救，并且在最困难的时候与郭正域家"指腹为婚"，为双方未出生的孩子立下兄弟、姐妹、夫妻之约。之后郭正域生下儿子，熊廷弼生下女儿，两家遂结成了秦晋之好。

熊廷弼这人的性格就是不事权贵，由此便得罪了沈一贯一党。本来以他的考评，他可以得到更好的差事，但因为站队错误，被相党"挖坑"，只判了工部主事。

万历三十三年（1605年），熊廷弼进京就职工部。工部的差事好不好？看怎么说。主要工作跟军国大事沾不上边，工部在六部中地位最低；但对某些官员来说，工部差事又是美差，因为手里经过的都是各种工程和建造的工作，油水很多。

熊廷弼上任的时候，正好遇到了紫禁城内工程连连。皇极、中极、太极三大殿和乾清宫、坤宁宫皆毁于万历二十五年（1597年）的一场天火，因此重建紫禁城主要宫殿便是万历在位中后期重要的政事。

---

① 常平仓是古代保障粮食安全的手段，作用是调节粮价，丰年收粮防粮价过低，荒年低价卖粮以抑制粮价过高。

三大殿工程的款项，一直是朝臣与皇帝争执的重点。因为这个工程花钱太多，朝臣与万历始终争论不休，所以重建三大殿终万历一朝都没有开工，但皇帝和皇后的寝宫还是要修的，熊廷弼任期正好赶上了皇后寝宫坤宁宫的修建。

史籍虽未明确指出，但可以合理推测，熊廷弼参与了宫中的工程。他再度呈现锱铢必较、铁面无私的风格，天天混迹于土木灰屑中，在现场监督，让那些想通过工程贪污的太监们无从下手，使工程贪污减少了十之七八。

万历皇帝是举世公认的"老抠"，熊廷弼在工部主事任上做事秉公、细致，涉及紫禁城重建工程的锱铢必较，在工程上能给皇上省钱，自然简在帝心。获得皇帝信任的熊廷弼，终于迎来了人生中一个重要的差事。万历三十六年（1608年）十月，他被放到了边陲重地辽东，以浙江道御史巡按辽东。

五、边镇原是百病生

万历三十六年（1608年）十月初九，熊廷弼的车驾走出了山海关，从这里开始，就是天苍苍、野茫茫的边境战区，也是关乎他生命最后17年荣辱兴衰的地方。

一路走来，熊廷弼对边防重镇的形势有了初步的了解，最直接的感受是士气低落、武备松弛，地方官员军兵怨气冲天，毫无战斗意志。因为长年要接待进京朝贡（实际上就是做生意）的女真人，驿路系统已经不堪重负。

另一个问题是辽东镇粮饷时常延误，导致官兵士气低迷，逃军日渐增多，有些地方甚至逃跑了将近一半的员额。这里既有朝廷入不敷出，粮饷延迟发放的原因，又有官员们通过耗羡等手段克扣军兵粮饷的原因。

熊廷弼当真是"工作狂"，自出关开始，就沿途搜集民情、军情，从马价到军饷，从纠核将领到核查战果，以平均一个月两封长奏疏的频率，对边镇事宜提出各方面的意见。

不过，对他来说最重要的一项工作，还是去核查宽奠等处土地和边民得而复失的情况。熊廷弼十一月十八日到达辽阳上任，二十六日就会同道、司、州的官员奔赴抚顺，开始了将近一个月的边疆勘察。

大明辽东的形势，以一句话总结，就是"三面濒夷，一面阻海"。"三面濒夷"说的是辽东与辽西以牛庄（辽河河套沼泽地的顶点）为界，东面为辽东，以辽阳为中心，西面为蒙古兀良哈诸部，北面为海西女真，东面为建州女真，东南隔鸭绿江与朝鲜相向；"一面阻海"则是南面辽东半岛插入黄海与渤海之间。

明朝在辽东修筑了边墙，相当于缩水版的明长城。边墙从山海关开始，沿着辽西走廊，经过白土厂关向南，到东昌堡、牛庄折返向北，再到开原的镇北关向南，经过广顺关、柴河堡到抚顺关。镇北关外就是海西女真，俗称"北关"；广顺关面对建州女真，是为"南关"。

边墙继续向南延伸，经过散羊峪堡、清河堡再向东到鸦鹘关。鸦鹘关外直面建州女真的老巢赫图阿拉，由此再折返向南，经一堵墙堡、叆阳堡、险山堡到九连城镇江堡，抵达鸭绿江边虎山与朝鲜义州隔江相望。

辽东边墙一路长达将近2000里，有边堡98座，又以"十里一墩、五里一台"的大致安排，设有墩台849个。这次报告的失地，实际上是叆阳堡到险山堡边墙以东，与鸭绿江相夹地带的宽奠、大奠、永奠、长奠、新奠、孤山新堡等六堡。该六堡是从万历二年（1574年）开始，由时任巡抚的张学颜和总兵李成梁主张的越过边墙向东北扩张防线的产物，时至熊廷弼任上已经30余年。

到了万历三十四年（1606年）八月，辽东文武还因为扩地800里、招纳了6万余人到此生息耕种，每岁纳粮3000余石，获得朝廷封赏；如今仅仅过了不到两年，就被兵科参劾实际上没这么回事，6个边堡得而复失，又回到了女真手中。因此，朝廷要求熊廷弼务必将这查个水落石出。

熊廷弼十一月二十六日出了辽阳，并没有着急直奔六堡，而是一路北上先到抚顺关，然后再折返向南。这一路，熊廷弼可不省心，努尔哈赤显然得了消息，还给他搞了一出鸿门宴。熊廷弼收到消息：努尔哈赤担心他率军趁机收复失地，因此在各处隘口都埋伏了兵马。延绥镇总兵杜松建议派兵马护送，但被熊廷弼拒绝了。

到了鸦鹘关，熊廷弼与他之后人生中最大的敌人——努尔哈赤有了首度接触。努尔哈赤派儿子和女婿带着貂皮、马匹还有酒肉来拜见。熊廷弼拒绝了貂皮、马匹等礼物，只留下了酒肉，与陪同官员一起在野外饮食。也许是看到他赤条条来去，女真人才放下了警惕。

熊廷弼用将近一个月时间将失地情状勘察清楚：清河堡到鸦鹘关丢弃了70里边地，孤山新堡失去80里边地，至于宽奠、大奠、永奠、长奠、新奠五堡则丢弃了300里边地。

以上三处原有住民6800余家，纳粮3000余石，另外朝廷还向当地住民征收给女真的赏银（相当于地租）380两。从开垦耕种到征粮、征赏银，以上地方明显都已经算是大明地界。然而自万历三十一年（1603年）开始，这些地方逐渐丧失，边民尽数内迁。

那到底为何开拓了30年之地会得而复失呢？这里有着一件埋藏极深的封疆大吏欺上瞒下、丧地辱国的勾当。

根据熊廷弼的调查，大明辽东官员在新占六堡上的退缩，与努尔哈赤的崛起过程互为表里。

明朝新占的地方本来属于建州女真（之前有成化年间的副总兵韩斌划定了旧边界），但女真力量弱小的时候并不敢与大明较真，任由明朝百姓在那里生活种地，自万历二年（1574年）以来，女真人始终默许此事，"奴酋向亦无说"①。

直到万历二十三年（1595年），努尔哈赤开始向辽东官府讨要宽奠六堡的租金。这个时间节点值得注意。万历二十一年（1593），努尔哈赤打赢了古勒山之战，大破海西女真等九部联军，接下来一年，努尔哈赤征服了长白山与鸭绿江沿岸的女真部落，建州女真周边尽被其削平，羽翼渐丰的努尔哈赤开始向大明索要地租。

到了万历二十八年（1600年），努尔哈赤又打服了海西女真的哈达部，声势愈加壮大。此时，因为新拓展地方的百姓不听传唤，宽奠参将张光先提议把他们迁回。这个理由颇为牵强，而且当时巡抚赵楫、总兵李成梁的应对却是"分地分粮"。和谁分？自然是和努尔哈赤分。努尔哈赤终于要来了500两租金（其中380两向当地百姓征收），只是这并不能填满他的欲壑。

万历三十一年（1603年），努尔哈赤在赫图阿拉建城，并对内自称"建州等处地方国王"。也是在这一年，努尔哈赤停止了进贡，以此要挟辽东明官归还本应属于他的土地。

这一年三月，通判郭裕招来女真人，与他们划分地界。与此

---

① 熊廷弼：《勘覆地界疏》，载《熊廷弼集》，学苑出版社2010年版，第49页。

同时，又有出使建州女真的通事董国云带回了努尔哈赤的口信：辽东要将新占土地奉还，迁回生活耕作其中的汉人，如若不然，"我就著达子赶他，要打就与他打，要射就与他射，要斫就与他斫"①。

辽东巡抚赵楫和总兵李成梁终于撑不下去了，辽东文武官员连忙将土地上的百姓驱赶回边墙以内，恢复成化年间勘定的旧边界。努尔哈赤得逞之后，继续要求辽东明官勒石为界。勒石为界并非孤立事件，还与建州女真进贡纠缠在一起。

之前说过，万历三十六年（1608年）大明礼部注意到努尔哈赤已经有3年没有进贡了，于是巡抚赵楫催努尔哈赤进贡。但努尔哈赤要求先立了碑，再进贡，赵楫应允下来；努尔哈赤又要求必须在石碑上刻上女真文字，赵楫又应允下来；努尔哈赤再要求必须副总兵来盟誓，要在开原立碑。如此这般，最终赵楫应允了全部要求，努尔哈赤才开始进贡。

万历三十二年（1604年）至三十六年（1608年），努尔哈赤就是这样步步紧逼，终于通过勒石盟誓取回了祖宗的土地。

勘核清楚整个事件的来龙去脉后，熊廷弼在奏疏中弹劾赵楫与李成梁二人，历数其八大罪状：

（1）不能开疆拓土，反而失地。

（2）不迁徙民众充实新得土地，反而将当地六万民众内迁，令民众沿途饿死。

（3）被女真以停贡威胁，只能归还土地以"买贡"，长女真桀骜之气。

（4）与女真歃血为盟，古之未有，使皇帝受辱。

① 《勘覆地界疏》，载《熊廷弼集》，第50页。

（5）丧权失地，造成边境安全问题。

（6）派人教女真向我索取土地，胳膊肘往外拐。

（7）被女真以索要土地为要挟，进贡勒索，以致朝廷损失银两。

（8）勾连女真，欺瞒朝廷。

由是，熊廷弼建议严厉处置辽镇一系官员，巡抚赵楫、总兵李成梁处斩，参将韩宗功、道台张中鸿等一系列官员一并处置。

此时已经是万历三十七年（1609年）二月了，总兵李成梁已于半年前解任回京，听候发落；巡抚赵楫按规矩，正停职留守，等候朝廷对他的处理。

熊廷弼的勘劾奏疏上交之后，并没有引起什么动静，万历将奏疏留中，一场闹得沸沸扬扬的封疆失地案就这么草草收场，无论是李成梁还是赵楫，都没有受到处罚。

对初出茅庐、小试牛刀的熊廷弼来说，他什么都没抓住，辽东的文武系统，府道督抚以上没有人要为此负责。可能熊廷弼忽略了一点：3年前，朝廷曾就开疆拓土封赏了一大批官员，其中甚至还包括努尔哈赤。如今的丑闻，证实了辽东文武官员上下其手、欺瞒朝廷，但朝廷怎么能打自己的脸呢？

而且，目前辽东一波未平一波又起，继李成梁之后担任总兵的杜松让整个辽东陷入战争的危险之中——在一场与蒙古人的冲突中，杜松取得胜利，但这场名为"哈流兔之捷"的战斗，却引爆了让辽东边防问题崩盘的大雷。上至兵部总督巡抚，下至商贾诸生，都卷入了这个大雷之中，其中也包括初到此地的巡按熊廷弼。

六、哈流兔之捷

辽东总兵杜松，字来清，祖籍昆山，《明史》说他是智勇双全的武人，其实就是说他勇猛、不怕死，而且还命大，纵然浑身是伤，也死不了。杜松有个外号，叫"杜太师"，但他一辈子也没做过太师，这不过是蒙古人给他起的绰号。

万历三十六年（1608年），杜松接了李成梁的班，此时辽东总兵的位置已经空悬很久了。杜松来到辽东，心情一定不会太好，这里仿佛就一烂摊子，糟糕的程度是他完全没想到的。

到底有多糟？从刚到任巡按的熊廷弼对辽东情况进行的评估可见一斑，他总结出三大问题：

一是边关防线崩坏，士气低迷。延边墩台大半坍塌，看起来是完整的，其实多是低矮、松散的墙垣，一挖就倒。守台堡军士气全无，敌人入侵甚至对堡军放话恐吓：不许举烽火，否则杀你全家。堡军胆怯，只能等敌人走远了才点燃烽火，应付了事。由是，烽火台完全失去了效用，敌军如入无人之境，入侵百里也没有烽燧报警。

二是军备松弛，大量军兵逃亡。额定12万员已减少到8万余，其中能战的不过2万；马匹比额定少了一半，真正能战的马匹只剩下两三成。军兵疏于训练，步兵全部无法拉弓放箭，只会打打火铳，但又因为长期疏于训练，技术生疏，连弹药都装不进去。其他武器要么缺失，要么朽烂，完全不堪一战。

三是粮饷缺乏，腐败滋生。各营堡军本来钱粮就少，每月只有2.5钱至4钱军饷，还在各个环节受到盘剥，多数时候粮饷拖欠，军兵拿不到足额的粮饷；有时候拨下的本色粮食①要么是陈腐粮食，要么被掺进沙土，难以食用。艰难的生存环境导致了军兵的逃亡。

熊廷弼说，从屯田到台堡，从工事到军马，从兵器到粮饷，没有一处是可以倚仗的，边防完全败坏。总兵麾下一万人马，真正能战的最多五六千人，辽东千里边疆防守根本捉襟见肘，无论面对东边的女真，还是西边的蒙古，皆不足以御敌。

熊廷弼对于辽东状况这种悲观中带有乐观、绝望中含着希望的认识，也决定了他未来几年在辽东的办事风格。他一直勉力为之，甚至一度将辽东的边防从崩溃边缘挽救回来。只是要把死马当活马医，必然需要有破釜沉舟的决绝和不惜得罪所有人的勇气，也许正是这样的态度，为熊廷弼日后的命运埋下了伏笔。

正当熊廷弼认为希望尚存之际，"胜利"很快就来了。杜松果然是大明一员勇将。他率领麾下精锐，获得一场名为"哈流兔之捷"的胜仗。

万历三十六年（1608年）深冬十二月，一系列糟糕的情报纷至沓来，说蒙古人在蠢蠢欲动。身为辽东总兵，杜松认为要主动出击，采取捣巢战术，实行斩首行动，这样可以打乱蒙古各部部署，保卫蓟镇安全。

兵部相信眼下边疆形势紧急，需要采取果断行动，决定由辽镇出死士万人，从侧后捣毁蒙古各部巢穴，保护蓟镇安全。于是，杜松在十二月二十一日率领各部战兵（家丁）向西进剿。

兵马在二十四日从宁远中左所、长岭山堡等地跨过边墙，直驱草原250里，到达一个叫"哈流兔"的地方，与蒙古朵颜拱兔

---

① 粮饷分本色粮食、折收本色的白银，前者称为本色，后者称为折色。

部接战。杜松手下三千家丁如秋风扫落叶一般击溃了蒙古部落，斩首146颗，俘获大批战马器械。这便是"哈流兔之捷"，或称"连山驿之捷"。

捷报呈上来，首先要经过巡按的查勘，这时就轮到熊廷弼出场了。所谓查勘，一来是听下面武将汇报战斗详情，然后多方了解核实战斗真实情况，二来是检验首级，这是最重要的，明朝军功最重首级。因为战况战绩，随便你说，只要没有到现场，谁也不知道实情，但首级不同，都是货真价实砍了脑袋才有，因此明朝叙功主要就看斩首多少。

对手强悍程度不同，首级的价值也有差异。在大明的军功序列中，最有价值的首级来自蒙古人、女真人和倭寇，次之是西南夷，再次之是内地反贼。比如以蒙古人为首的"北虏"非常凶悍，对大明疆土威胁大，首级就值钱。后来随着倭寇、女真人的威胁越来越大，他们的首级价值也水涨船高，到万历年间涨到了与蒙古人一样的"顶格待遇"。

首级价值既然这么高，各种各样的造假手笔自然就层出不穷。反正死人不会说话，于是有人拿妇孺充男丁，有人杀汉人冒充蒙古人、女真人。就连俘虏都可以造假，日后毛文龙报功，就曾把辽民弄成哑巴，冒充女真人献俘。

勘核首级，成了文官与武将矛盾的焦点。有时候文官的检查手段已经带有玄学色彩——有人将首级扔到水里，面朝下即为男，面朝上便是女，所依"原理"是男女阴阳有别。为了检验是否杀了汉人冒功，通常都会检查首级额头上裹网巾的痕迹。明代男丁头上都束有网巾来防止头发散乱，长此以往，额头一圈便会有印记，文官就是根据这一点来检查。还有就是查看头发茬，看是不是新剃的头，蒙古人、女真人大都光头扎辫，因此要用汉人冒充，需要先给首级剃头扎辫子。

凡此种种不一而足，熊廷弼非常认真地检查了杜松送来的146颗首级。他先是发出白牌警告军兵，凡是杀汉人、杀女人冒功者都会受到严惩，然后与其他官员一起检查了首级，最终确认，家丁秋克太斩胡酋瓜儿兔恰首级1颗，阿都害等斩其余首级145颗。

除146颗蒙古人首级外，哈流兔一战还获得了56匹战马、78顶头盔、83副铠甲，在大明已经算不小的胜仗了。所以杜松这次战绩获得了"哈流兔（连山驿）之捷"的称号。

在朝廷看来，杜松果然是猛将，一出手就打了胜仗。哈流兔之捷在辽东10年之中是非常少有的战绩，杜松也以此邀赏，请求朝廷尽快将赏银发下来，以提振军队士气。

好不容易获得的大捷，本来应该皆大欢喜。但是，没想到胜仗中却藏着极大的祸乱。事情过了不到10天，万历三十七年（1609年）正月初四，宁前道马拯报告了一个几乎完全不同的故事：杜松打击的是朵颜三十六部之一的拱兔部，而拱兔部与大明有款约（朝贡贸易合约），如此突然袭击，杀人掠货，恐怕会刺激其他蒙古人进犯报仇。

杜松算是捅了大娄子。拱兔部紧邻辽西走廊，与大明有款约，也就是通过贡赋贸易获得他们想要的物资，如盐、铁、茶、丝等。对这种部落，大明本该与之亲善，引为屏障，但如今杜松显然违反了政策，破坏了边疆和平的大好局面。

然而，辽东上至督抚，下至武将，都要求朝廷火速赏赐发饷。杜松认为打了胜仗，砍了人头，必须给赏银，不然部下会因此寒心。

熊廷弼的态度非常值得玩味。从万历三十六年（1608年）年底到三十七年（1609年）五月，他经历了从"挺杜"到"倒杜"的过程，这一次他差点把自己的声誉搭了进去。

七、熊廷弼也有心机

作为查勘战果的巡按，熊廷弼最开始要求，无论如何都要尽快赏赐，即使杜松的行动事实上有可能激起边衅。

熊廷弼认为，辽镇积弱已久，军队不敢言战，现在好不容易打了胜仗，各军都受到鼓舞。多年不曾有过的一大胜仗，起到了振奋士气的作用，不但无过，而且有功。

至于宁前道马拯的举报，熊廷弼和了一下稀泥，认为马拯关注的重点在于生灵涂炭，毕竟宁前兵备孱弱，他担心拱兔部报仇也在情理之中，多出于忧国忧民之心，并不是妒忌杜松抢了功劳。

因此，熊廷弼大声呼吁，应该尽快下发封赏，鼓舞将士官吏敢战之心。熊廷弼的奏疏说得颇为别扭，虽然承认拱兔部是好邻居，言下之意是打他们的确有不妥之处，但又把话头硬生生地转回来，说这次作战是以蓟镇安危为虑，蓟镇安危事关京师安危，那即使打了有款约的部落也没什么错了。

为什么奏疏这么别扭，逻辑如此复杂？文官说话，真不能只看写给朝廷的一面之词，文字背后的算计可多了去了，即使是素以耿直出名的熊廷弼也不例外。在一封写给上司的私人信件里，熊廷弼展现了与人们印象中完全不同的官员形象。

在事情发生后，熊廷弼私下给巡抚李炳写了一封信。信中他坦言了对局势的担忧：拱兔部在宁前表现最顺服，还时常阻挡其他蒙古部落，现在反被剿，必然被其他酋长取笑，报复是肯定的。那为什么要支持杜松呢？因为仅凭文官几句话就剥夺了大帅的功劳，不但有伤杜松的忠心，也会损害三军士气，这是军事上的考量。

但辽东问题不仅仅是军事问题，还有朝堂内外的人事关系。马拯是即将调任的官员（升调山西按察使），可以把真实情况说出来，然后拍拍屁股就走了，但之后所有责任都需要辽东一系列官员承担。日后一旦拱兔部报复，战事不利，就又会有人将哈流兔杀款拿来说，朝堂上那些大臣也不会为辽东官员分忧。

所以熊廷弼认为，哈流兔之捷是从兵部到辽东巡抚都参与议定的战事，人人都有责任，事到如今必须支持杜松，不然自己也下不来台；但在上呈的奏疏中，他表示应该为拱兔部可能发起的报复行动做好防备。这相当于把事情一分为二，之前的胜利是胜利，后面如果有报复那又是另一段故事。与其一直求全责备，不如趁着士气可用，借此提振辽东的战力。

熊廷弼还建议李炳，可以连同蓟辽总督王象乾、辽东总兵杜松一起上奏报功，同时把后面可能遭遇报复的问题点明。这是团结蓟辽文武，共同面对边疆危机的大计。

熊廷弼总体上承认杀款问题的严重性，但他还是从维护团结大局、提升辽东武备两个基本点出发，选择了支持杜松。看到这里，王象乾、李炳、杜松三人为何联名上奏便一清二楚了，这一举动便有熊廷弼在后面推波助澜的功劳。

朝廷在哈流兔的问题上，最终采纳了熊廷弼的意见，甚至连批示的文字都与熊廷弼一模一样。内阁代表万历票拟，也同意发赏，这等于承认了哈流兔之捷。

但战与和永远是一个硬币的两面，当朝廷最终定论支持杜松的时候，一场风暴已经在草原上生成，席卷辽东。万历三十七年

（1609年）三月初十，拱兔部憋了一冬，终于在草长莺飞的季节来报仇了。五千蒙古人从宁远中右所杀入，天亮时包围大胜堡，打到巳时，也就是上午10点左右破堡，堡内被杀掠的军民达385人。而后，又击败了前来救援的游击于守志。辽东挨了一场结结实实的狠揍。

这一仗打出了辽东战守的真实底牌：明知道拱兔部会来报仇，也明知对方会从什么地方来，理应早有准备，但真到了蒙古人来了的时候，却没有一点抵抗能力，损兵折将，输得一塌糊涂。

让人意想不到的是，朝廷内外对此竟然出奇地冷静。三月二十八日，兵部尚书李化龙做出了对此事的处理意见：总兵杜松戴罪留任，于守志降级使用、立功自赎。这么大的败仗，竟然连板子都不举就放过相关官员了。

为什么会这样？其实也很容易理解，对拱兔部的报复进攻是早已预料到的，但起因来自朝廷与督抚的判断失误与命令错误，武将们不过是执行了文官的错误命令，所以即使吃了败仗，也没法过多责罚。文官系统显然想大事化小，小事化了，给糊弄过去算了。

可是，熟人宋一韩又来了。他上了一份奏疏弹劾杜松，指出哈流兔之捷的时候都说杜松厉害，后来马拯有"杀降"一说，但都怕激怒杜松，造成文武失和，没有处置他，才有了今日大胜堡的败绩。杜松、于守志谁也逃不掉，都应该接受勘核，朝廷应定此二人之罪。

事情到了这份上，终于掩盖不住了，果然应了熊廷弼的说法——打了败仗一定会有人秋后算账。杜松得知兵部的处理结果后，忧愤惊惧，吓晕了过去。据他的手下说，杜松把冠帽、旗号、刀枪、盔甲等一把火烧了，在家里备了棺材等死。

本来文官系统还想保他一下，见他如此发疯，也不再搭救了，各路"神仙"纷纷落井下石。而且此时局势更加恶化，文武官吏揭发哈流兔之捷是一场计划好的谋杀，就是要把原来依附在大明边墙的降夷、款夷杀了充数。

杜松在出击时只斩获26颗首级，此外是把以保密为名招入堡内的一众降夷砍了才凑出了146颗首级。因为都是真夷，没有第一时间了解内情的熊廷弼自然也通过了首级的检验，被杜松的报功骗过，继而为他站台。

到了五月初八，杜松已经墙倒众人推，熊廷弼将各处汇集上来的信息整理成一份核查报告，将杜松到辽东之后的所有问题调查得清清楚楚。其一，杜松抵辽不久，就拿钱给各处营旅，让部下收买人参貂皮，但要求数量远超他给出的银两，导致手下被迫全营凑钱补足数量，此乃盘剥手下官兵；其二，哈流兔杀降夷冒功，还杀了一名忤逆他的汉人布商；其三，朝廷的赏银被杜松截留3000多两，克扣部下应得的部分。熊廷弼在奏疏中指出，杜松的罪行是够得上大辟（砍头）的程度，仅解职不能了事。

其实熊廷弼内心何尝不是在滴血。对于杜松，熊廷弼曾经真心赞赏过。他在给李巡抚的信中坦言，杜松素来有清廉勇敢的声誉，自己与杜松一见如故，对其非常敬重，所以才在奏疏中支持他。熊廷弼不仅自己上奏支持速赏哈流兔之捷，还致信巡抚李炳，为杜松多方斡旋。

但要说熊廷弼对杜松完全信任，也不尽然。打心眼里，熊廷弼对杜松的跋扈早有不满，只是在大胜堡事发之前，并没有明确表现而已。

熊廷弼不会轻易对外人祖露自己的心里话，但胡嘉栋例外。

胡嘉栋是万历二十三年（1595年）进士，在熊廷弼还没考中举人时已经是武昌府推官，而且特别愿意提携有才华的后进，因此在武昌与熊廷弼成了莫逆之交。熊廷弼终其一生都与其相知相交，在成为辽东经略后，还推荐罢官在家的胡嘉栋为辽阳监军道，并且一直庇护他，直到自己倒台。

早在万历三十七年（1609年）正月，也就是哈流兔之捷发生一个月后，熊廷弼给胡嘉栋写了一封亦私亦公的信。在这封信里，他对杜松的评价截然不同：他知道杜松的事，但这人有各种跋扈行为，别人劝说不住，老实人马拯都被激怒，文武无法共事，败道也。

但熊廷弼的出发点仍然是以大局为重。他请胡嘉栋在朝廷方面发出公文，对杜松晓以大义，责成文武大员和衷共济，还特地提醒胡嘉栋要注意措辞，在"此紧急用人之际，切勿说坏了他"[1]。显然，熊廷弼还没有完全认识到问题的严重性。

等到杜松真相败露之时，问题就不仅仅是让熊廷弼失望这么简单了。作为巡按御史，查勘战况战果是熊廷弼的责任。如今的情况只能说明，在最初的时候，熊廷弼明显失察，还傻乎乎地为杜松撑腰。这位有名的能吏这一次可谓大丢颜面。

此时熊廷弼也只能坚定地与杜松划清界限。他大骂杜松不识廉、勇、功、正四字为何物，扣留赏功银，杀降夷以为勇，诈捷邀利。

在这场边境危机中，熊廷弼非常清楚地看到了大明的军事困局。杜松是整个大明以"廉勇"著称的名将，但竟然既盘剥部下又克扣赏银，没有"廉"，还以杀良杀降为功劳，真到了蒙

---

[1]　熊廷弼：《与胡隆宇兵科》，载《熊廷弼集》，第799页。

古人入寇的时候却毫无办法，要么畏战，要么一触即溃，也没有"勇"。

这还不是最大的问题，一句"切勿说坏了他"，更让人们看到了文武共同欺上瞒下的实质。对于武将的虚假战报，包括熊廷弼、巡抚、总督在内的一系列重要文官最初都被蒙在鼓中，但即使到了造假苗头有所暴露的时候，高层文官仍然认为不过是某些文官嫉功而已，或出于某种难以描述的心态，宁愿将问题一直掩盖下去。

这就是万历皇帝一直心心念念要打破的某种"纳什均衡"。如果不让文武陷入互相检举揭发的"囚徒困境"之中，皇帝可能连一点实情都不会知道。

直到打了败仗，前前后后所有事情完全曝光，文官系统才彻底抛弃杜松。这样一次"先胜后败"的经历，不禁让人怀疑，大明九边那些大大小小的胜仗，背后到底还藏着多少虚假。

万历三十七年（1609年）四月，杜松被解任回籍，第一次辽东任职就此结束，下一任总兵王威上任。至于熊廷弼，毫无疑问要负上失察之责，而他被现实"撞了一下腰"后，还要继续面对越来越糟糕的辽东局势。

第二章　得道之柄，能吏进化

当北京还在消化大胜堡败绩的时候，一直拖欠着辽东粮饷的朝廷突然给钱了。万历三十七年（1609年）四月初八，万历皇帝破天荒地亲自下旨，着发马价银10万两，户部凑10万两，总共凑齐20万两发往辽镇以备充饷之用，另外还允许辽东将税银留下充饷。

此时此刻发出饷银，显然是和之前几个月的辽东局势有关。各种坏消息引起了万历的注意，这位后世眼中以懒惰著称的皇帝，却从来不会放过任何有关边防、军事的奏疏。他对辽东发出重要指示，让辽东文武保持克制，不要轻启边衅；同时，要求群臣提出整饬边境安全的计划。这是多年以来，朝廷对辽东最重视的一次。

连陛下都如此重视，下面的臣子自然也不敢怠慢。作为直接责任人的兵部尚书李化龙，在几天之后拿出了一个策略，认为无论兵力还是粮饷都要给辽东"加料"。

辽镇原来定额官军9.4万人，现在已经少了2.2万，剩下的还有大量老弱病残，堪战的不过2万余人，而且这些兵马散布于三大营、两协、七参将、十二游击、二十五守备，平均下来，每人手下不过数百人而已。

因而要向辽东增兵3万，主要从辽东土著、降夷、家丁中招募，充实到广宁、广宁前屯、锦州、义州、开原、辽阳等处，同时淘汰虚冒，不允许再出现吃空饷的现象。增兵后，必须加紧练兵，提升火器使用能力，还要多买战马，广布探哨，但要严禁出塞的进攻行动。

增兵就要增饷。在辽东起盐课，可筹措8万两；朝廷节省支出，比如暂停三大殿的重修，可以节省一二十万两银子；从南京兵部户部以及漕运衙门筹措10万两。一年有三四十万两银子，方可保证该计划实行。

但是，算账的户部搜刮银库，总共只有8万两，增兵3万的计划又变成了空中楼阁。户部说：辽阳有9万兵额了，哪里还能说没兵呢？问题就在于吃空饷的，老弱病残光领饷不干活，如果能够汰弱补强，事情不就解决了吗？哪里还需要额外增兵？因而驳回了兵部的增兵计划。

户部的意见相当于高喊口号，对于消除积弊多年的边镇吃空饷现象没有任何助益；而兵部也是"头疼医头，脚疼医脚"，在承认积弊的基础上，提出的解决方案缺乏可行性。两者表面上互相扯皮，真实目的就是要逼万历皇帝出钱，掏出内帑，以济边事。但让万历掏钱，真有点在铁公鸡身上拔毛的意思。

一、皇帝的信任

明朝中后期的一个死穴就是缺钱，用黄仁宇的话说，就是这个帝国财政缺乏弹性，无法应对特殊的变故。比如边境战争、内地叛乱，都会让朝廷财政背上巨大的包袱，甚至破产。

到了万历三十七年（1609年），张居正财政改革的成果已经被折腾光了，大明的府库空空如也。现在边关处处要增兵加饷，只是去哪里增收呢？文官们把目光投向了皇帝的腰包——内帑。

万历是守财奴，不仅派出内监到各地收矿税，收来的钱还极少拿出来。所以文官系统与万历进行了艰苦的斗争，驱逐高淮的经过可见一斑。文官们一直想用内帑拯救已经濒临破产的帝国财政。但万历对于这类奏疏永远是留中不发，不予理睬，即使这次辽东各种问题已经爆发出来，仍然没有打动皇帝。

怎么办？这个时候，就要努尔哈赤"帮"一把了。熊廷弼在六月十八日上了一封奏疏，称努尔哈赤率五千兵马陈兵抚顺关下，索要人参钱，女真人非常嚣张地说：给我人参钱也就罢了，不给，就把欠账的人全绑起来押给我，不然我的兵马可不是吃素的。欠账还钱天经地义，显然辽镇买了人家的人参，却欠了一笔大钱，努尔哈赤来要钱也是理所当然。

辽阳分守道谢存仁连忙跑到沈阳安抚女真，不仅送上蟒缎，跟人家喝了好几顿大酒，还商量好付款的时间地点，好说歹说才把努尔哈赤要账的队伍给劝了回去。

被女真人武力要账，这对辽镇来说，可算是奇耻大辱。也许是因为处理过一次与女真人的土地纷争，熊廷弼始终不敢轻视这只卧榻之旁的老虎。

他警告朝廷，辽东（相对广宁的辽西而言）目前兵微将寡，计开原可战之兵不过200人，铁岭不过400人，东协（副将）不过500人，最惨的沈阳选锋只有十几人。而再看这些所谓的可战之兵，要么拉不开弓射箭，要么开弓放箭射不到10步远，至于火铳手，30人只有一发中靶。

总之，辽东兵备松弛，被熊廷弼说得要多烂有多烂，归根结底就是要增加兵力。因此他建议，应为开原增兵1500人，庆云堡增兵1500人（弹压宰赛等蒙古人），在靖安堡或柴河堡增兵1000人，其次在汎河、懿路、清河堡、宽奠、沈阳等地各增数百到千人。

最后，熊廷弼哭诉：皇上应早发内帑，否则会危及辽东、蓟镇甚至京师。熊廷弼在开篇就痛斥了努尔哈赤兴兵压辽，说这实际上是一起受辱事件，然后把努尔哈赤的阴险狡诈、野心勃勃渲染得无以复加，恨不得告诉万历，此人就是未来颠覆朝廷的心腹大患——当然他说得也没错。

在大明诸臣子里，能以这样的语气给皇帝上疏的可不多。这样一份连吓唬带情绪的奏疏，也就熊廷弼这样深受万历宠爱信任的新贵才能写出来。

果然，之前无论兵部还是户部的各路表演都达不到的目的，终于在熊廷弼的"哭闹"中实现了。当然，内帑还是不会出的，朝廷只能东挪西凑，总算筹措出辽东增兵所需的30万两白银。

但万历也明白：之前你们还说辽东额军9万多，实际在营7万多，真正能打的不过2万多，这里有多少吃空饷的，多少老弱虚冒的，总不能每次你们把正额兵马给糟蹋得不堪一战，然后又要求增兵增饷，结果增加出来的可战之兵，经过若干年后再变成老弱虚冒，让朝廷陷入增兵增饷的恶性循环之中。

因此万历告诫手下：你们不能继续把我当傻瓜，督、抚、巡按等务必花大力气整顿边备，还要设法屯田，以助粮饷，不能总是指望增添兵饷。

别人说不管用，熊廷弼一说就管用，这次辽东增兵增饷的要求，最后由熊廷弼办成了，说明什么？说明熊廷弼仍是万历皇帝非常宠信的大臣，并没有因为他在杜松公案中前后失据而动摇分毫。

这就是所谓简在帝心，对于熊廷弼而言，这是好事，也是坏事。好事在于他未来在辽东开展工作，特别是万历四十七年（1619年）后出任辽东经略，会得到皇帝全力支持；坏事则是木秀于林风必摧之，以熊廷弼的耿直性格，想不得罪人都难。

但是办事可靠、为人廉正和皇帝宠信本就是没有办法的事情，也是熊廷弼无法逃避的命运。而且偏偏他还是辽东巡按，还有一个责任是纠察文武官员，这也是得罪人的差事。

二、辽东巡按"熊大炮"

巡按的职责非同小可，集监察、情报、粮饷、民事于一身，有时候甚至还可以插手军务，因此巡按品级不高却有"小巡抚"之名。熊廷弼的一项重要职责就是打击腐败，整顿官场风气。百业不振、军备松弛的辽东，文武官员中存在着严重的贪腐现象。

辽东的问题首先在于首脑，熊廷弼最先查的是已经下课的前任巡抚赵楫与总兵李成梁。从万历三十七年（1609年）六月开始，熊廷弼领导了"清理赵李遗留问题专案组"，彻查这二人的贪腐问题，结果查出他们"侵没边储，数逾五万"的案情。

熊廷弼并没有明确证据证明赵楫和李成梁二人贪污，他们的问题在于挪用了银两，有些拿来送礼，有些账目没有核销，如赵楫名下有1.6万余两没有报销依据。因而熊廷弼只说赵楫在辽8年，乱使乱费，囊空如洗，贻害地方和国家，罪名是侵没而非贪污。

朝廷也没有对二人进行什么处理，但熊廷弼的用意非常明显——敲山震虎。熊廷弼要告诉辽东文武官员，他来查账是认真的，不然也不会仔细到纤毫。

在清除赵、李遗留问题时，他对赵、李二人的处理又有区别。赵楫是流官，任期一到终归是要走的；李家是土官，世代战斗、生活于斯。一个地方的权力一旦长期被某一家独占，就很容易出现大规模腐败，熊廷弼的着重点也放在李成梁身上。

辽东官场风气已经被李成梁弄得腐朽透顶了，官员如非李家门下，即便有勇有谋也不被任用，而李家门下甭管什么歪瓜裂枣，都能得到晋升。而官员晋升要贿赂，获得官职后，不对部下进行盘剥，花出去的买官钱怎么来呢？因此李成梁盘踞辽东30年，辽东军镇关系盘根错节，有形成晚唐节镇的趋势。帝国需要趁着中央还有力量的时候"削藩"，熊廷弼初到辽东的一系列动作都有"削藩"的意味。

熊廷弼经过明察暗访，弹劾了一众辽东将领，勘察细致程度，可以说到了有点变态的程度。

在辽期间，熊廷弼累计弹劾去职将官18人。从守备到游击，从参将到副总兵（副将），几乎一网打尽：万历三十七年（1609年）正月参革游击吴宗道；二月参革副总兵吴希汉，参将吴世爵，游击郭济川、李如梧、李继武、于守志，守备郭巍杰，备御周大岐等8人；十月参革加衔副总兵赵绅，参将李泽，游击崔吉、张应种，备御李维德等5人；万历三十八年（1610年）正月参革副总兵佟鹤年、参将张昌胤；五月参革游击林宗舜；七月参革副总兵曹文焕。

这些将领的敛财手段大同小异，主要集中在几个方面：

（1）克扣部下军饷。

郭济川有部下800人，他每年侵吞500余两；吴希汉一收到军饷，就向部下的州兵、义兵、家丁每哨要银20两，他月入300余两；周大岐更离谱，每军月例4钱银子，他只给4分，两个月贪了200余两，下一季发饷总算没那么狠，但也留下了87两。

（2）以优差、美差收受部下贿赂。

郭济川部下想要获得毡皮军、案子军、月粮军等有油水的位置，就要给郭上供，毡皮军每月每人要上供纹银8钱，案子军每月每人6钱，月粮军每月每人1两6钱；吴希汉管理44座边堡，有乡导拨夜88人，半年换一拨，因为有与外族私下交易之利，每人就得上供1两5钱银子，一年下来吴就能收到240余两。

一些从事经济工作的军种要价也不低，柴火军15人要上供300余两银子，炭价军10人要100余两，烧炭军10人名额一年更要卖到200余两。想到盐场熬盐，每人甚至要给20两。

（3）让手下免费服务（私人徭役）。

私人占役也是各级武将获利的途径，像之前大胜堡失事的战事中，大胜堡有数十人被于守志调走帮工，以至于战时人手缺乏；郭济川占用部下烧灰、输送、在家帮工；吴希汉私调部下8名进山伐木，放排贩卖得银400余两，但占用农户牛拉木，倒毙80余头，且不予赔偿。

周大岐自家做起了土特产生意，只是用工全从自己营兵中无偿占用，如占使军兵7人为他家种地，15人烧炭，8人为他猎鹰，10人围场打狼打狍子、收取毛皮，10人收取榛子，5人缝制皮货，6人制作头巾帽缨。这么个家庭作坊每年给他带来了300多两的收入。

（4）压榨治下军民，勒索财物。

吴希汉派出30余名旗牌官下到各村屯搜刮财物，而旗牌官想获得这差事，须事先给吴5两银子，一个月后不管从下面收来多少，每人都还要上供10两。可想而知，要上供15两的旗牌官在村屯内得如何横征暴敛，才能把贿赂的花费填上还有赚。

吴世爵辖区放屯民出边挖人参，每人每次要1两5钱银子，一年放出去400多人，收了500两。在旅顺、木场二堡售卖雕翎100副，屯民买不起，就逼老百姓卖了房子交银子抵充。在各屯卖羊毛袜六七百双，每双卖给军兵3钱，得银200余两。其他如向辖下军民压价购买人参、木耳、蜂蜜、花菇等土特产从中渔利的，比比皆是。

（5）在边境贸易中以权谋私。

大明朝开马市、木市，通过与外族款市，一方面获得需要的马匹，另一方面可以让对方获得银钱物资，以减少边境冲突。但开市又让边境文武官员获得了一个搞钱的好机会。

郭济川辖内10匹官马被人抢走，他要求部下赔偿，其后劫掠者将10匹马送回，但他却如没事人一样将归还马匹私吞。他还用严禁出口的精良武器铁弓与外族交换马匹；侵吞与外族交易的牛只，以小牛抵大牛，从中渔利；压榨边贸商人，勒索钱财；向外族购买箭支时，虚报两倍以上，从朝廷处骗取高额差价。

吴世爵是做生意的一把好手，把外族贩卖来的人参，以每斤3两从屯民手中收购，然后加一倍的价钱向朝廷报销，就此一项买卖一年能得600两银子。

所谓"靠山吃山，靠水吃水"，这些武将通过各种土特产生意，强买强卖，赚得盆满钵满，但苦了当地军民，他们被上下盘剥，穷困潦倒，没有活路。于是出现逃军逃民，大量人口逃入山林，要么自聚开荒，要么干脆逃到蒙古、女真部落为奴为民，总好过被自家的贪官污吏剥削压榨。

熊廷弼一连弹劾数人，在辽镇造成了巨大震动。他的弹劾不仅让贪将下马，还让一些没有被弹劾的将领闻风丧胆，游击李继武、李如梧，参将吴世爵等相继称病辞职。

熊廷弼对此也是分情况处理。李继武是李成梁的家丁，李如梧是李成梁的侄子，熊廷弼为了大局着想，就允许这二人回籍，不再追究，至于吴世爵，他就没有放过。

熊廷弼从来没有掩饰他的态度，他也代表着朝廷和督抚的立场，认为辽东沦落到今时今日的地步，一来是高淮乱辽，二来是李成梁在辽东盘踞数十年，根深蒂固的权力带来了积重难返的败坏。刚到辽东，熊廷弼打击贪将，就是为了肃清李成梁的流毒。

在弹劾了一大批武将后，熊廷弼举荐了一大批武将，有辽东本地的原任海州参将王绍芳、广宁右翼游击曹文焕、原任正安游击李向日、原任锦州游击张昌胤等。这些在籍将领不是满腹五兵，就是横身一胆，要么就是洁守练才、德器恂谨。在众多被推荐的将领中，有一位日后非常出名的宁前道中军，这便是吴三桂的舅舅，辽西将门的台柱子祖大寿。

但，熊廷弼刚到辽东，如何能深入了解这些将领的真实情况呢？这一番举荐很快就出了纰漏。一年之后，长定堡被攻破，张昌胤、王绍芳等都观望不前，不敢接战，最后两人都被处罚。

另外熊廷弼还推荐了一批和杜松有关系的西将，包括原任延绥总兵赵梦麟、延绥参将李怀信。当时是万历三十七年（1609年）二月，熊廷弼与杜松仍处于相知相得的"蜜月期"，对于这些西军将领，熊廷弼不仅推荐，还大力推荐，说杜松都这么廉勇，他推荐的人自然也不差。

熊廷弼巡按辽东3年，因军政各类原因总共参劾文武官员近30人，不可谓不多，威慑力如大炮般。被弹劾的将领多数丢官回籍，"熊大炮"对于整肃辽东军镇起到了一定的作用，《明史》称他"在辽数年，杜馈遗，核军实，按劾将吏，不事姑息，风纪大振"①。

只是冰冻三尺非一日之寒，辽东局面之败坏已经不是撤换几个参将、游击可以解决的了，在各方"蛀虫"的共同"努力"

---

① 《明史》卷二五九《熊廷弼传》，第6692页。

下，辽东已经千疮百孔，要钱没钱，要粮没粮。打仗就是打钱粮，没有钱粮，想重振军备更加无望。

不过，熊廷弼还是死马当活马医。他做过推官，负责过税收钱粮；他做过工部主事，也跟钱物打过交道。这些在职业生涯中积累的本事，将运用在他治理辽东的过程中。

三、巧妇要为无米之炊

辽东素来是富饶之地，农牧渔业，晒盐制铁，钱粮本非常富裕。明朝初年军屯起科额定数有71万余石粮食，约合银56万余两，以万历三十年（1602年）额兵8.3万人所需银约57万两算，本镇军屯粮支应本镇也差不多够了。

但万历三十年（1602年）辽镇实收屯粮只有27.9万石，大量军饷钱粮须通过山东以及北京调拨，一年还要30万两，已经成了大明中央财政的重大负担。熊廷弼一到辽东就发现了这个大问题，因此他着手改善辽东财政，在力所能及的范围内做出了一定的贡献。

熊廷弼在辽3年，修边墙、修兵器、清理马政、主张屯田，做成了许多其他人想想都觉得难的事。比如建立常平仓，使得后人可以通过这项工作成果管中窥豹，领略熊廷弼的手段。

辽东或兵或灾，已经多年没有设置常平仓。辽东地理特殊，交通不便，丰年粮食不会贸易到他处，导致价贱伤农，岁饥之年，又因为粮食少而价贵伤民，时常会引发一些不稳定事件。建立常平仓可以说是稳定辽东的一项大事。

但设常平仓不仅要买粮，还要建立仓库，无论哪方面都需要用钱。熊廷弼首先要把仓库建起来，去哪里找地方呢？他把目光投向了矿税衙门，此时税监已撤，留下的衙门空了出来。他大笔一挥就将辽阳、广宁两处税监衙门给抢了下来，建了两座仓场，各有房41间，然后又在广宁右卫、沈阳、清河、锦州等14处地方各建仓场一所，各有房27间。

仓场有了，就要找买粮的银子。巡按衙门平时有部分银两可以动支，这些银两主要是盗抢、贪腐案件中的赃银，类似于今天刑罚中没收的财产。前任巡按萧淳留下了6000余两银子，熊廷弼接任之后积极查办辽东官吏贪墨，成果斐然，第一年攒下赃罚银3万余两。另外，熊廷弼还查扣了山东土豪海贸货物数千两。

为了避免别人说他是敲骨吸髓的酷吏，熊廷弼还特别声明他的钱可不是通过增加诉讼、胡乱罚没而来的。在其任内，除人命强盗之外的诉讼一律不接，因而巡按衙门的接案率大幅下降，如此就能节省大量办案支出。他还把萧淳任内欠下的赃罚银全部减免，以体现朝廷对官民的体恤。

熊廷弼不愧是善于理财的能吏，一方面肃清律法，专门对贪官污吏开刀，另一方面与民息讼，节省开支，仅仅两年就积攒了3.7万两银子。除了一万多两发给各边修理破败的堡台，还剩下了两万多两银子。不得不说，熊廷弼攒钱的确有一套。

在万历三十七年（1609年），熊廷弼将罚银所得2.1万余两，加上扣下的税监余银7900余两，分发到各地购买常平粮，购得高粱、谷、米、豆等粮食13.2667万石，其中谷、米、豆等细粮2万石，还建立仓场16座，有房460间。熊廷弼在辽只用一年时间就恢复了已经荒废15年之久的常平仓。

这份业绩，令守财皇帝万历欣喜不已：辽东从来都只知道向朝廷伸手要钱要粮，但自己的爱将熊廷弼去了不到两年，就已经积粮十几万石，并建起了常平仓。万历要求户部积极参考熊廷弼的做法，将常平仓经验推广至其他边镇。

常平仓过了一年开始发挥作用，在万历三十八年（1610年）五六月青黄不接之际，常平仓开始卖粮，总共卖得2.64万两白银，获得1974两的利润。到了九月，辽东丰收，熊廷弼再度拼凑各类银两7000多两，加上之前卖粮得银，又进入市场大量收购粮食，购买新粮加余粮共近28万石，存入常平仓。

经过两年实践，熊廷弼证明了辽东完全可以不用朝廷拨款，通过开源节流就能建立起几十万石的常平仓。万历再度喜出望外，连忙下旨明确要将经营常平仓引为常例，以后接管官员必须照例奏报，并且记入考核。

常平仓看上去的确是非常完美的解决方案，中国几乎历朝历代都有类似的操作，但是常平仓最后都以失败告终。为什么呢？因为这是一个相当于期货的官办买卖，具有所有官办买卖的共性问题，比如对价格的把握，如何做到以适当的价格买入卖出。

最关键的是，经营常平仓对经手官吏道德品质要求很高，在完全没有额外报酬的情况下，如何保证官员的积极性以及杜绝贪没钱粮的现象？还有一点，如果国家蒸蒸日上、风调雨顺、国泰民安倒罢了，一旦出现战乱灾荒，财政吃紧，常平仓便很容易入不敷出，他处吃紧的时候从此处借粮调粮，之后还不上，整个制度就会走向崩溃。

熊廷弼建立常平仓的成功实践，完全得益于他个人的能力和品德。首先，他曾当过推官和工部主事，长期与钱粮打交道，深谙其中门道；其次，他能搞到钱，能合理运用资源（利用税监的剩余房屋）；最后，他个人品质有保证，且能督促手下官吏工作到位。种种因素缺一不可。

果然，熊廷弼靠一己之力做成的常平仓在他离开后逐渐荒废了。等到万历四十八年（1620年）熊廷弼二赴辽东时，他当年的努力早已化为乌有，整个辽东所有府库剩余的粮食只有高粱、大豆几千石而已，连供给军队都不够。

除了常平仓之外，熊廷弼其他主要工作成果还包括：只花了万余两银子修建了边墙685里、堡垒7座、台74座，添设台5座，修补20座；打造了盔甲1460套、大小三眼枪2810杆、百子铳460门等一大批武器装备；通过整理马政，增添战马1632匹、牧草田1500多顷。

也许是因为他太能干了，这些政绩引起了争议——人们认为熊廷弼不可能用这么点资源就做出如此多的成果。熊廷弼无奈，还得写奏疏驳斥一番：你不行还不许别人行吗？

熊廷弼的所有努力都源自他初到辽东时对此地的一丝期望——他认为事情尚可为之。但随着时间深入，一颗巨大的定时炸弹让人烦躁不安，熊廷弼也终将要面对他一生中最大的敌人。

四、女真已成心腹大患

前面讲过，熊廷弼来到辽东办的第一件大事，就是查勘宽奠六堡失地案。在勘察过程中，努尔哈赤对他颇有戒心，曾在关外埋伏兵马窥伺动静。熊廷弼察觉后，为了安抚对方，接受了女真人的酒肉款待，与努尔哈赤派出的使者喝了几场大酒。努尔哈赤本想给新任巡按一个下马威，但被熊廷弼四两拨千斤地化解了。这是两人在辽东的第一次交手，表面上觥筹交错，背地里却刀光剑影。到辽东两年，熊廷弼已经可以确定，努尔哈赤将是大明未来最危险的敌人。

万历三十七年（1609年）春，努尔哈赤遣使来归还张其哈喇佃子，也就是宽奠六堡的一部分。双方就此地打了多年官司，现在努尔哈赤竟然完璧归赵，还提出要恢复进贡。如此忠顺的模样，让辽东官员心里不免打起了小鼓。一个已经统一了建州女真，且随时可以出动过万甲骑的部落，突然这么恭顺，实在让人有些不习惯。熊廷弼得知，建州女真内部发生了大事。

在这一年三月，努尔哈赤和亲弟弟舒尔哈齐发生火并。努尔哈赤夺取弟弟部众，杀死舒尔哈齐身边家臣和两个儿子，将舒尔哈齐关押幽禁。这是建州女真自崛起以来一次罕见的内乱。

此番内乱对建州女真损害不小，以至于在这一年，努尔哈赤忙着消除内乱引发的影响，而且还在与虎而罕部的冲突中罕见地吃了败仗。

由此可见，努尔哈赤虽然实力大增，但在万历三十七年、三十八年（1609—1610年）之时，羽翼尚未丰满，不仅没有将小部落扫荡干净，海西女真也仍与其作对。所以努尔哈赤只能在这时对大明保持一番恭敬的姿态，但熊廷弼无论如何都不会相信，我们可以从一些数字看出熊廷弼对努尔哈赤的态度。

熊廷弼在辽东巡按任上共有72道奏疏，与建州女真直接有关的，只有6份——《勘覆地界疏》《酌东西情势疏》《议增河东兵马疏》《议留开原道候代疏》《防建夷疏》《谨叙东夷归疆起贡疏》，在总量中仅占8.3%，看似并非他工作的重点。

但在熊廷弼的私人信件中，谈及努尔哈赤的占了更大篇幅，总共67封信中有13封谈及努尔哈赤，占了近两成。台面上下迥然有别的态度表明，熊廷弼把建州女真视为心腹大患。虽然在他任上两年中，努尔哈赤仍然对朝廷颇为恭顺，但在熊廷弼看来，这些都是努尔哈赤狡诈的表现。他对此人似乎有一种执念，认定此人亡大明之心不死。

熊廷弼认为努尔哈赤的崛起，主要是因为他获得大明庇护，不仅受封龙虎将军，具有号召部落的大义，而且拥有数百道敕书，掌握与大明贸易之利。两者互为表里，壮大了努尔哈赤的声势。

以上是客观原因，主观来看此人也是一代枭雄。努尔哈赤三十载生聚，已成人雄，诡谲多智，信赏必罚。他经常用曹丞相脱裘袍给人披上的手段对待部下的能人，甚至把自己的老婆送给对方，但如果手下有人犯法，即使是乳母的老公，也要含泪斩之。如此赏罚严明，手下皆效死力。

万历二十九年（1601年），努尔哈赤还建立起旗兵制，把手下精壮（25—40岁的人）编成黄、白、红、蓝四旗（镶黄等四旗要到万历四十三年，即1615年才建立），旗人基本上是"以旗统兵""兵民合一"，出则为兵，入则为民。观察努尔哈赤这些内外所为，在熊廷弼眼中，他怎么看都不像老实人。

再分析地势。辽东边墙所在，实际是山地与平原之间的界线，建州女真主要住在山里，想要出山攻略辽东，就必须经过几处雄关：南面广顺关、北面镇北关互为掎角，成为拱卫沈阳、开原的两道钥匙。如今南关已经被建州女真占领，北关还在海西女真手中，而与北关休戚相关的就是海西女真的命运。

熊廷弼认为压制努尔哈赤的战略支撑点在北关，而北关附近与大明关系最好的海西女真是阵眼，只要海西女真存在，就可以隔开对大明很不友好的蒙古喀尔喀五部与努尔哈赤部。

因此，熊廷弼认为，无论如何都要保住海西女真。但偏偏在万历三十七年（1609年）六月，海西女真最后残存的叶赫部的大酋长那林孛罗死了。那林孛罗也叫纳林布禄，是女真部落有名的人物，在辽东地面属于"打不死的小强"，被李成梁围攻过，与努尔哈赤屡战屡败，却屡败屡战，是牛皮糖一般的人物。只要有他在，努尔哈赤统一女真的大业便没那么容易达成。如今他死了，对寄望于能牵制建州女真的叶赫部来说，毫无疑问是最大的损失。

值此之际，努尔哈赤、宰赛同时派人以吊丧为由来到叶赫部。所谓诸葛亮给周瑜吊孝——没安好心，两者都向叶赫部提亲。这便是那林孛罗的侄女，传说中女真第一美人的婚事，而她一人许过几家，其中就有努尔哈赤。

熊廷弼自然不知道其中的细节，但这事，他指令沈阳道以吊丧为由，为叶赫部撑腰，一方面向宰赛、建州女真显示大明支持叶赫部的决心，另一方面分化宰赛与努尔哈赤两方。他指示沈阳道向宰赛说：你和北关（叶赫）是甥舅关系，怎么能在人家办丧事时，乘人之危呢？你这么做不就跟叶赫的死敌努尔哈赤一样了吗？如果这时候你不来逼亲，人家自然感激你，以后等事情过去了，再提亲就容易了。在熊廷弼的斡旋下，宰赛与叶赫握手言和，化解了这次因那林孛罗去世引发的危机。

万历三十九年（1611年）春，熊廷弼的巡按任期接近尾声，躁动的辽东也渐趋平静。努尔哈赤表现得非常老实，送还了张其哈喇佃子，与辽东商定了进贡的时间。这年九月，他将前往北京亲自向大明皇帝证明自己的恭顺，甚至暂停了对女真各部的吞并战争。

辽东官员似乎对努尔哈赤的表现很满意，要恢复女真人为辽东藩篱。但熊廷弼坚持认为，努尔哈赤是一头猛虎，无论跳起来咆哮，还是蹲下来装屄，都迟早会咬人。

三月十七日，熊廷弼向朝廷呈递最后一份关于建州女真的奏疏，建议辽东仍然坚持"联蒙制奴、联海西制建州"的策略，力保北关不失。熊廷弼对于努尔哈赤的戒心可以说自始至终、一以贯之，只是他没有想到的是，辽东文武并没有贯彻制奴方略，致使努尔哈赤不到5年之后就建政称汗，又在他走后不到10年举"七大恨"①反明。这只老虎终于把天捅塌了。

从万历三十六年（1608年）十月初九出关，到三十九年（1611年）七月二十五日入关，熊廷弼在辽东满打满算待了两年零九个月，在这将近3年时间里，熊廷弼完成了一个能吏"完全体"的进化。过去，他当过地方官，当过"北漂"的芝麻绿豆官，处理过税收、诉讼、工程等多方面业务。在辽东巡按任上，熊廷弼的工作更涉及粮饷、军务、吏治、人事等多项业务。

在这段日子里，熊廷弼最大的收获是对边境战争的深入认识，让他形成了一套完整的边境战略——以守为主，能不打就不打。没错，熊廷弼成了人们常说的"投降派"。

或许，所有人年轻的时候都有封狼居胥的远大理想，但当真的被扔到兵凶战危的地方时，所有的现实都会将理想砸得粉碎。对于熊廷弼而言，同样如此。

哈流兔之捷前后发生的事，非常实在地打了熊廷弼的脸，也让他幡然醒悟，使他对辽东的边境战争有了更为深刻的认识，由此奠定了他的辽东战略。

熊廷弼发现出塞捣巢是一个伪命题，无论出去打赢多少次，

---

① 七大恨：恨一，明朝无故杀害努尔哈赤祖父觉昌安和父亲塔克世；恨二，明朝偏袒叶赫、哈达等部女真；恨三，明朝强令努尔哈赤抵偿其所杀的越境人命；恨四，支持叶赫部将努尔哈赤已聘之女转嫁蒙古喀尔喀部，使努尔哈赤蒙羞；恨五，驱逐居住在边境已开垦土地上的建州百姓，毁坏其房屋田地；恨六，明朝偏信叶赫，写信羞辱努尔哈赤；恨七，助哈达、叶赫侵扰满洲。见《满洲实录》卷四天命三年四月十三日条，辽宁教育出版社2012年版。

都无法终止外族入寇，一来一往，大明永远血亏。熊廷弼是下了点案头功夫的，在仔细阅读、分析了40年的档案之后，他给皇帝算了一笔账：李成梁任总兵，自隆庆四年（1570年）至万历十九年（1591年），斩首15198人，其中女真人8344人，蒙古人4693人，不可谓不多，但是这又有什么用呢？外族入寇什么时候断过呢？成百上千人次规模的入侵每月来几次，几万、十几万人规模的则一年来几次。

无非就是打过去胜败难料，然后外族就打回来，十倍奉还。大明在这样的拉锯战中，还损失了李如松这样的名将，总之就是入不敷出，赔了夫人又折兵。

熊廷弼还总结了边境冲突的几个特点：当时蒙古强而女真弱，明军在西面吃瘪了，就往东面讨便宜，然后通过报捷来掩盖败绩；敌人以数万、十数万人的大规模入寇，基本上看不到官军上报损失，而千百骑的小规模入寇，动辄阵亡二三百人，这说明了当大规模入侵发生时，官军就避战做缩头乌龟，任由敌人抢掠；而有的时候，数以十万计的敌兵入寇，抢了十天半个月，杀掠仅几百人。为什么会这样呢？那是因为瞒报啊，无论文武，最大的本事无非大事化小，小事化了。

有进取心是好事，但即使在李成梁如日中天时，情况同样如此。熊廷弼彻底泄气了，看来打是打不赢的：捣巢捣巢，越捣越糟，边军出塞想要犁庭扫穴，反而使辽东了无生气。

所以熊廷弼的战略发生了180度大转向，由攻转守，总结起来就是：对于大明而言，蒙古、女真图的只是人口和财帛，我们只要扎紧篱笆，修好武备，进可攻，退可守，再用钱收买，何必非要心存侥幸，去主动进攻呢？

具体到战术，就是并小屯为大屯，以大屯建堡，深挖壕，高筑墙，多屯粮食弹药，一旦遭遇入寇，就把人民保护在堡内，然后选将练兵，大规模建造火器、战车，以备战时堵截。

熊廷弼的策略就是坚壁清野，把屯堡变成"铁乌龟"，以坚强之堡垒延长时日，再集结机动兵力前去救援。救援也不能轻率出战，而是摆出车阵，环列火器，对敌打击，把敌人耗走。说白了就是变成"基建狂魔"，在地上修建堡垒，在野外把军队建成移动的堡垒。

熊廷弼的这些战略战术思维，基本主导了未来几十年大明在辽东的战略战术。自从萨尔浒战败后，历任辽东高级官员如孙承宗、袁崇焕，都受到熊廷弼的影响，所有方略都脱不开熊廷弼的战略构想。

在中国历代王朝中，对于与游牧民族的战争从来都有"战、守"或称"战、款"两派。在历史正统叙事中，支持出战的是忠臣，主张纳款的是奸臣。有看法认为明朝不割地不纳款，这显然是不对的，大明不但纳款，还广泛地纳款，只是这种"款"以朝贡贸易的形式存在，即明朝给予超出进贡物品价值的"赏赐"，以获得和平。从战到守，熊廷弼成了"不正确"的一方，甚至对"款"也是支持的，认为需要以"款"为手段制衡各部。

熊廷弼的战略是对是错？这就要留待他第二次乃至第三次辽东任期再验证了。现在他终于要离开兵凶战危、艰辛苦寒的辽东，回到莺歌燕舞的江南。在这里，等待熊廷弼的不再是兵戈之事，一件震动明末的文坛公案将熊廷弼裹挟其中。在南直隶这个大明的"重点高考省份"，熊廷弼将被卷入明末党争的旋涡，这一次差点断送了他的职业生涯。

第三章　督学南直，首战东林

　　熊廷弼在塞北吃糠咽菜数年，为国戍边，劳苦功高，任职期满之后，理应酬功，于是朝廷将新的职位——南直隶督学御史（全称提督学校巡按南直隶监察御史）塞到他手里。从白雪飘飘的辽东到杏花烟雨的江南，熊廷弼总算回到了"人间"。

　　只是，朝堂内外蔓延的党争，对熊廷弼来说不知是福是祸，他或主动或被动地卷入这场政治旋涡之中。常在河边走，哪能不湿鞋？

　　在政治立场上熊廷弼是身不由己的。他一开始比较亲近"中正之士"，亲家郭正域也颇有正声。但在万历年间的历次京察中，熊廷弼所在的楚党是被打击的对象，他们别无选择地与齐、浙等地的士大夫团体结成同盟。熊廷弼随波逐流，成为楚、浙、齐党对抗中正之士东林一派的成员。

　　江南之行，熊廷弼与东林党正面交锋，引发了晚明政局中相当引人注目的公案——"荆熊分祖"。在此案中，他放倒了两御史、三大僚，但自己也第一次因党争被贬谪，结局两败俱伤。这一切的故事，还要从"高考"榜眼汤宾尹讲起。

一、全国第二汤宾尹

　　万历三十九年（1611年）三月的北京，战云密布，不是因为与敌军厮杀，而是缘于朝堂上的针锋相对。年近八旬的老冢宰孙丕扬斗志昂扬，决心要在这一年的吏部京察中一洗朝野吏弊，还大明朝一个朗朗乾坤。

所谓京察，也称为"大计"，就是每6年一次对在京官员考核，看其工作完成得如何，为官是否廉洁公正，个人品格是否优良，是否持守孝悌之道……本来官场一片和谐，官官相护，京察更多是走过场。但到了万历朝，特别是中后期，因为党争抬头，京察突然变得认真起来，逐渐成为党同伐异的工具。

万历三十九年（1611年）的京察，主持大局的是大明朝的"组织部部长"——吏部尚书孙丕扬。这位自诩清流的老人家，虽然是陕西人，但向来与号称中正之士的诸君相善，特别是和被称为东林党党魁的顾宪成、赵南星是老朋友。

其时，浙党大佬沈一贯已经去职，当朝的阁老是被视为东林党人的叶向高、李廷机，可谓"中正盈朝"，东林党摩拳擦掌准备大干一场。

只是，非东林党的官员不会坐以待毙，既然东林结党占了先机，其他各路人马也不甘落后，纷纷搞起了小圈子，比如南京国子监祭酒汤宾尹。

汤宾尹可不是一般人，他是万历二十三年（1595年）乙未科会试的状元，是为会元，仅仅在殿试中差了一点屈居第二，成了榜眼。作为全国数一数二的学霸，汤宾尹才高八斗，不仅自身"高才远识，博学厚志"，还特别好鼓励后进，广收门徒，经常开席授课，出版应试时文文集。他对年轻士子关怀备至，问无不答，人赠世号"汤宣城"。

这位盛名在外的榜眼郎身边逐渐聚拢了一批官员，中正之士把围绕在他身边的势力称为"宣党"。哪些人是宣党呢？以《明史》的说法，主要有给事中赵兴邦（北直）、张延登（山东），御史骆骎曾（浙江）、过庭训（浙江）、房壮丽（北直）等。

要说真有个"宣党"怕是有点勉强，《明史》列出的宣党人物里，来自浙江的有七人，北直隶两人，四川两人，湖北一人，山西一人，真正的宣徽人士不过一人。

如果以将来汤榜眼出事之后，上疏救他的人看，可以说天南地北哪里的人都有。如此看来，聚集在汤榜眼身边的倒是一批来自北直隶、湖北、山西、江西、广东这些朝中无人的省份的"闲散人等"。

中正人士还认为，齐、楚、浙党中，齐人亓诗教、张延登，楚人官应震、吴亮嗣，浙人姚宗文、御史刘廷元等人也和他暗通款曲。以上这些名字，日后将高频伴随在熊廷弼左右。

汤榜眼名气大、组织能力强，能在后沈一贯时代，将非东林人士拧成一股绳对抗东林，自然成为政敌的眼中钉、肉中刺。擒贼先擒王，这一届京察就拿汤榜眼开刀。通常名气越大的人是非越多，孙丕扬很快就找出了汤榜眼一件不体面的事。

万历三十八年（1610年），庚戌科会试，主考官是吏部右侍郎萧云举，副主考官是另一位右侍郎王图。汤榜眼当了个同考官，相当于会试阅卷组成员。汤榜眼在阅卷之余，四处串门，在同考官徐銮房中的垃圾筐里，发现一个叫韩敬的浙江归安举子的卷子。汤榜眼认为这卷子太好了，就悄悄把它收起来，带回去把涂抹的墨迹清除，将它举荐为本房第一。

这种操作在科举里叫"拾遗"，也叫"搜落卷"，但一般是主考、副主考才有此权力。汤榜眼此举让主考官萧云举、副主考官王图非常尴尬。虽然有点不合规矩，但汤宾尹名气实在太大，不仅是榜眼，还是当世八股文的名家，他说好的卷子，你说不好，如果外间知道了，到底谁丢脸？最终，主副考官只得默认了汤榜眼的操作，但这让两人很丢面子，特别是王图，与汤宾尹彻底结下了梁子。

这事还没完。殿试后，内阁又调整了会试排名，排第一的是大名鼎鼎的钱谦益。他就是娶了柳如是的晚明大文豪，在大清攻克南京时，嫌水太凉不肯投河殉国的大明"汉奸"。

钱谦益是东林党人，排名调整让状元之争变成了东林党与非东林党的政治角力。最终万历皇帝一锤定音——他点韩敬为状元，马之骐为榜眼，钱谦益摘得探花。

以上是《明史》根据文秉《定陵注略》"庚戌科场"条写成的故事。

但汤宾尹说出的是另一个版本。他批改完自己房内的卷子，就溜达到徐銮房中，听徐銮说已经有了本房第一了。汤宾尹又翻了几份卷子，突然看到韩敬的文章，觉得写得非常好。他和徐銮一起找到了主考（萧、王），主考也大赞这篇文章，齐集诸位考官一起欣赏，然后定其为第一。

一件事两个版本，到底哪个版本是真，哪个为假？毕竟把他房黜落卷子捡回来顶上第一，与同徐銮一起将未决之卷顶上第一，是性质不同的两件事。

此事，应是汤宾尹所说版本靠谱一些。为何？首先，在围中两个主考官眼皮底下修改涂抹试卷，还把一份被黜落的试卷顶上第一，就是赤裸裸的作弊，即使汤宾尹名气再大，也不能这样明目张胆地胡来。其次，徐銮同年曹学佺日后为徐銮写的祭文里也说，在徐銮对韩敬的卷子拿不准的时候，汤宾尹看到了，并且极力称赞，徐銮才将此卷让给了汤。从徐銮、曹学佺两人的政治取向来看，他们都是亲近东林的官员，没有动机为汤宾尹辩白，因此这个旁证是可信的。

但这一事件的后续更是峰回路转。事后有人举报状元韩敬与汤宾尹有师生关系。虽然汤宾尹只承认韩敬是弟子，自己只是因为卷子好才搜了出来，并非徇私，但是，为何偏偏是他的学生？岂不知，瓜田不纳履，李下不整冠？

到了辛亥（1611年）京察，萧云举、王图二人都作为京察的副手参与其中，终于有了报复的机会。汤宾尹的门生、与王图同为陕西人的王绍徽担心老师吃瘪，连忙找同乡王图关说，把汤老师好一顿夸。但王图之前吃的那口窝囊气怎么可能吞得下去，一下子便顶了回去。最后，孙丕扬主持大计，给汤宾尹下了一个"不谨"的评语，把汤宾尹的乌纱帽给摘了。而为老师关说的王绍徽，也以年例之名被外放做官，相当于贬出了京城，他在日后还与熊廷弼有所交集。

看着老大被贬，团结在汤宾尹身边的"闲散人等"群起攻讦，弹劾主持大计的孙丕扬、王图等人。朝堂上顿时尽是明枪暗箭，"闲散人等"爆发出强大的力量。结果，王图侄子被发现在县令任内贪赃枉法，导致王图被劾去；孙丕扬承受不住压力，第二年也告老还乡。

这场因为一张落卷引发的公案加上辛亥大计，成为党争开端的重要标志。东林党与对立的齐、楚、浙、宣等派系撕破脸皮，开始了全面战争。

汤宾尹被贬，回到了江南繁华之地，天天与朋友们喝酒吟诗，倒也好不快活，而且他身边还多了一个好朋友，就是此时已经在南京当上南直隶督学御史的熊廷弼。

熊廷弼不承认与汤宾尹相交，但叶向高证实二人关系不错，当时汤宾尹被贬，待在家里，与熊廷弼相交甚欢，相见恨晚。

从二人的政治面貌来看，熊廷弼跟汤宾尹的确有可能成为好友，好到什么程度呢？御史荆养乔说，熊廷弼会为汤宾尹杀人。

二、提学江南有暗涌

巡按辽东的熊廷弼完满结束了第一次辽东之行。这3年来，他在边关风餐露宿，非常辛苦，而和他一同外放的官员有的已经经历了三职，朝廷不能总让老实人吃亏，因此开始考虑给熊廷弼一个美差，抚慰一下他这3年的劳苦。

给熊廷弼什么官职呢？辽东败坏不是一天两天了，正需要有能力、正直可靠的人坐镇，于是有人开始吹风，熊廷弼有边才，需要他来巡抚辽东。熊廷弼无论资历、才干都是辽东巡抚的有力人选，但是，吏部对如何安排熊廷弼意见不一，熊廷弼自己也极力推却巡抚一职。

然后都察院左副都御史许弘纲提出，让熊廷弼任北直隶督学巡按御史。作为一省解元，熊廷弼当个"教育厅厅长"自然也绰绰有余。北直督学可是一个美差，毕竟回到天子脚下，且兼有选拔人才的重任。

但是，有人不想他入朝，靠近朝廷中枢。吏部最终发出调令，把熊廷弼任命为提督学校巡按南直隶监察御史。那么，这中间发生了什么事，让本可入朝的熊廷弼，被发往了南京呢？

万历三十九年（1611年），党争已经如星星之火一般蔓延开来。熊廷弼虽然远在辽东，也无法独善其身，很快就被卷入这个大染缸里。

回到万历三十二年（1604年），郭正域因为得罪了当时的首辅沈一贯被弹劾，之后一直闲居家中。但他素有刚正不阿之名，且在经济工作上颇有能力，朝野内外都非常推崇他，不少人希望他能被起用，入阁拜相。

郭正域有个死对头，也是他和熊廷弼的老乡段然。此时，段然是南直隶的给事中，因为担心郭正域入阁对其不利，就动了心思。万历三十七年（1609年），东林党人正谋立漕运总督凤阳李三才入阁，与郭正域形成了对立关系。敌人的敌人是朋友，段然也站到了推举李三才的一边。

纷争之中，顾宪成给叶向高、孙丕扬写了私信，推举李三才，信件却阴差阳错被揭发了出来。在这关键时候，一个归隐林泉的官员，竟然可以直通内阁辅臣，议论内阁人选任命，这还得了。顿时举朝大哗，非东林官员开始团结起来，疯狂上疏，参李三才的、参顾宪成的都有。顾宪成"讲学东林，遥执朝政"，"东林党"的称谓便由此而起。

推举李三才是万历朝党争的一件大事，东林党与非东林党就此进行了长达一年的争斗，以李三才被弹劾丢官告终。此事加上辛亥京察，通常被认为是东林党作为政治势力开始发力，同时引发了明末党争的标志性事件。

前章讲过，熊廷弼在最初的政治生涯中，交际圈多为东林党或与东林党政见相近的官员，比如冯上知、汪应蛟等人。但是随着京察大计以及李三才保举的公案，朝廷中开始了激烈的党争，各路官员也被迫各自站队。

熊廷弼金榜题名之后，与同为湖广出身的官员相交，甚至与礼部侍郎郭正域成为儿女亲家。郭正域非常欣赏熊廷弼，作为同乡、宦途前辈、儿女亲家，自然给予他很多帮助与支持。在熊廷弼即将调任南直隶之时，郭正域还写了两首诗以壮行色。

李三才入阁事件发生的时候，熊廷弼在辽东正忙着弹劾贪将，并没有掺和一脚。但在另一件事上，他却和段然发生了矛盾。段然弹劾兵科给事中胡嘉栋，熊廷弼上疏为胡辩解，引来了冢宰孙丕扬的关注，在孙的关心之下，胡嘉栋免于受过。

为何熊廷弼要力挺胡嘉栋呢？史书中没有详细说法。但从历史脉络可以推断，二人的交情非同寻常。胡嘉栋在万历二十三年（1595年）中进士，授武昌府推官，两年之后，恰好是熊廷弼高中湖广乡试解元之时。可想而知，胡推官在此时与熊廷弼首度产生交集，二人的友谊也由此开始。

万历三十六年（1608年）胡嘉栋升为兵科给事中，而熊廷弼正巡按封疆，他们在军事问题上内外配合。熊廷弼曾写信给胡嘉栋，讲到杜松哈流兔杀俘冒功之事。信中他请在朝的胡嘉栋为他说话，配合他在封疆上约束武将。他们的友谊一直延续，日后熊廷弼当上辽东经略，还把胡嘉栋拉到辽东担任辽阳监军道。

由此可见，二人相知甚笃，可以说得上是肝胆相照。在胡嘉栋被段然弹劾时，熊廷弼自然要出手相助，即使得罪段然背后的势力也在所不惜。这是熊廷弼第一次卷入党争，他虽然没有直接攻击到东林党的核心力量，但也得罪了一批"中正之士"。

郭正域与胡嘉栋两件事，让熊廷弼不得不从最初的政治立场，倒向了东林党的对立面。

于是，在熊廷弼续任的问题上，段然下了绊子，劝说孙丕扬把熊廷弼这门"大炮"放到江南去。因为那时候江南"士风嚣悍，所在围官府、焚缙绅房屋，皆目为蓝袍大王，莫敢问"①。

---

① 熊廷弼：《性气先生传》，载《熊廷弼集》，第1182—1183页。

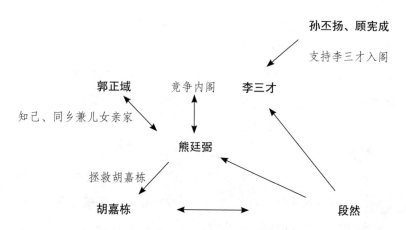

图1　熊廷弼早期党争关系网络

当时江浙一带经济非常发达，城市工商业蓬勃发展，社会形态为之改变。过去万般皆下品，唯有读书高，但随着工商业发展，商人地位逐渐抬头，士子与商人逐渐形成了某种联盟。

另外，南直隶学风很盛，诸生人数虽无明确记载，但南直某年参加乡试的人数曾达到6000余人。如此众多的学子，如果考不中举人，便容易形成一股巨大的游手好闲的市井势力。所谓"蓝袍大王"，便是指穿着蓝色儒生服的秀才。士子们还利用自己的身份，成为市井乡间各种势力的代理人，贪财者挑动官司，争讼牟利，贪色者欺男霸女，淫乱闺帏。

当时江南就是这个环境，朝廷一直想扭转士风。于是，段然怂恿孙丕扬：孙部长，南直隶那种地方，文艺范十足，且士风剽悍，派去的人不仅得是文坛健笔，还得是个杀伐果断的主儿。你看熊廷弼是解元，大笔头啊，而且巡按过封疆，文武全才，岂不是江南督学最好的人选吗？

孙部长深以为然，自以为找到了最合适的人选，当即拍板：就他了。本来两直的督学需要会同都察院和礼部选举，但孙部长生怕别人反对，直接做出决定。

熊廷弼督学江南这段故事在历史记载中就是这样的，但这里有些不对劲的地方。这到底是怕熊廷弼入朝威胁某人，还是有别的目的呢？

南直隶是所谓中正士人东林党的大本营，士子学风的问题也主要出现在东林党的地盘。明知道熊廷弼与东林党不对付，还要把他放到南直隶，完全可以预见到，他会和东林党发生怎样的矛盾。

这一招，明显暗藏杀机，为驱虎吞狼之计，或者让两方政治势力鹬蚌相争。事实上后面的故事就是这样发展的，熊廷弼与江南士子唱了一出《六国大封相》[1]。

三、对撼东林

万历三十九年（1611年）七月二十五日，熊廷弼再入山海，离上次出关已经过了两年九个月又十六天。

熊廷弼随身只带了一个衣箱、一个书箱、一个床箱，无牵无挂，两袖清风。一路上，他饱受暴雨洪水的困扰，走了半个月才到京城。因为是调任官员，按惯例他不能直入京师。在城外驿站等候时，熊廷弼还不忘给万历皇帝写了份奏疏，诉说一路以来看到的百姓受灾的惨况，提醒万历要赶紧赈灾。

---

[1]　《六国大封相》是一套粤剧，因场面大且参演演员多，后多用来形容局面非常盛大且混乱。

奏疏写得平实真切，爱民之心溢于言表。熊廷弼入关后的第一份奏章，让我们看到了他忧国忧民的初心，也有助于我们了解他对底层百姓的关爱：这决定了他在督学位置上的作为。

此番上任，熊廷弼面对的是非常复杂的地方。南直隶囊括了江南几乎所有膏腴之地，辖14府、4个直隶州、17个州和97个县，人口3000万。同时这也是全国生员最多的地方，到了万历后期，一场乡试就有6000余人参加。

督学的主要工作是巡视各地学府，主持岁考、科考，总之就是负责南直隶的教育工作，所有属于科举的人和事都归他管，督学相当于教育厅厅长。但因为在南直隶这种重要地方任职，所以南直隶督学御史比其他省的学政更重要，他的奏章可以直达皇帝面前。

熊廷弼的到来，吓得整个南直隶鸡飞狗跳。他在边疆的声望，以及为人严明刚正的盛名，一时间让江南士子收敛不少。

熊廷弼首先面临的考验就是辖区内的岁考。岁考是对各府诸生，即廪生、增生、附生等，也就是秀才进行考试，以决定谁有资格参加省举人考试"乡试"。按规定，考试分六等，一等二等给赏，并且有资格参加乡试，三等正常，四等要责罚，五等降级，六等直接革除生员资格。

熊廷弼新官上任三把火，要以严厉的风格，在岁试中杀杀江南士子的傲气。他认为，不看《性理大全》《通鉴纲目》等书的人没有真才实学。熊廷弼的做法是："每试必书经论四篇，无论者一等，无帮补、无经者，文虽工，置五等。"[1]只凭字里行间的学识定高下，任何人请托求情都没用。熊廷弼还是一个工作狂，阅

---

[1] 《性气先生传》，载《熊廷弼集》，第1183页。

卷时一天能批改200份卷子。他大举提拔贫寒士人，罢黜许多乡绅、官员的子弟，其中涉及许多东林子弟。

《定陵注略》里讲了一个故事：常州某公子年仅十六，在考试时因为行为不当，被熊廷弼绑了起来，然后一顿棍棒伺候。这个秀才的父亲某公，看熊廷弼如此不给面子，异常气愤，闯入学府，将儿子救了出来。乡绅们连忙调停，才把事情糊弄了过去。

这个秀才的父亲是谁呢？敢冲进学府抢人，捋熊廷弼虎须的可不是一般人。《定陵注略》里没明说，但肯定是常州簪缨世家中的一员。

熊廷弼斗志昂扬，然后竟然直接落了东林党党魁顾宪成的面子，黜落了顾宪成的长子顾与淳。顾家家学渊源，顾宪成会亲自到社学给子弟们考试，内部还会把他们的试卷分甲乙两等，褒奖优秀者。顾与淳从小就在这样的环境中被父亲严格训练，因此在顾家子弟中素有文名。

但熊廷弼的选拔标准最看重品行，文章在其次，毫无疑问，这是冲着顾宪成与他的身边群体来的。对此，顾宪成表面上并不在意，而是和好友出去游历，显示宰相风度。只是这事却让其同党颇为记恨，认为熊廷弼来江南就是来对东林党诸人下毒手的。

万历四十年（1612年）五月，顾宪成去世。顾是在乡大贤，按照惯例，熊廷弼还是参与了为顾立祠的身后事。只是，这并不能化解两方的矛盾，东林一方认为熊廷弼之举不过是迫于公议罢了。

熊廷弼对江南士子的严苛一下子出了名：连顾宪成的公子都敢黜落，谁还敢捋虎须？也许是动静闹得太大了，熊廷弼的好友、昆山顾天埈都写信劝他：老兄啊，你的严苛已经起到作用了，但也让人们记恨于你，奉劝你不但要有严法，还要以理服人。

顾天峻被中正之士称为"昆党"领袖，与熊廷弼都是顾宪成等人的政敌。他这番话表达出两个意思：第一，对士子的严苛已经引发了舆论反扑；第二，劝诫熊廷弼应该谨慎处理严与宽的矛盾，并把他严格苛责的初衷给江南士林解释解释，以争取士绅的谅解。

但熊廷弼是什么人，天不怕地不怕的"大炮"，想必也是不会做这些功夫的。既然如此，就得等着舆论反扑吧。

四、治理还看熊廷弼

正当熊廷弼在常州吊打某公子，气得某公冲廨救人的时候，应天巡按荆养乔突然挂冠而去，临走时还告了熊廷弼一状，从而引发了江南士林一桩复杂的公案。

荆养乔是山西平阳军籍子弟，所谓军籍就是祖上在卫所当军户脱离了原籍。万历二十三年（1595年），荆养乔中了进士，到了万历三十六年（1608年），和熊廷弼同年被选拔为御史。荆养乔运气比熊廷弼好，被派到应天府任巡按御史。

应天府就是南京，荆养乔在此地不可避免地卷入了官场纷争。他在万历四十年（1612年）突然弃官而去，临走时上疏朝廷，揭发熊廷弼庇护奸徒，杀人媚人，不惩处犯奸淫罪的生员梅宣祚等，反而处理公举生员芮应元等，宽处梅氏，而重处被奸者徐氏，用尽心思向汤宾尹效首功。梅宣祚是谁，芮应元又是谁，梅氏和徐氏又有怎样的矛盾，怎么最后绕到了汤宾尹头上？荆养乔这寥寥数言可不得了，勾连出两件公案和三方势力。

第一件是与士子有关的奸淫案，故事大概是这样的：太平府生员梅宣祚和他的族中兄弟梅振祚、梅子祚、梅羽祚、梅俞祚、梅望祚以及汤必守，收容了一个出奔的妇人徐氏，把徐氏藏在家里肆意玩弄奸淫。值得注意的是，此案中不仅有梅家子弟，还有汤家子弟，汤必守是汤宾尹族中的晚辈。

　　事情被揭发后，由于此案属于拐带、禁锢、淫亵妇女等案子，应由州府县道管辖，但案件一直没有审结，"前巡按御史王国祯劾奏，捕治振祚等，贿匿狱，久不结"①。于是宣城生员苏海望、李茂先、冯应祥、芮永缙等报官。举告的几人，仗着生员公举的特权四处闹腾，把南京的巡抚、巡按、操江等衙门告了一个遍。

　　此案至此一分为二，梅家参与案件的一众子弟，经过巡按会同地方政府审理处置，梅振祚、梅子祚、汤必守判了流徙，梅宣祚、梅羽祚、梅俞祚、梅望祚四人挨了板子，以上诸人有功名的都被革除生员。

　　也许是这一举告的杀伤面实在太大，在熊廷弼到宣城巡视岁考的时候，有人又将苏海望、李茂先、冯应祥、芮永缙的"劣行"告到了督学衙门。因为涉及生员品行，熊廷弼就有了管一管的权力。

　　熊廷弼认为举报的生员寻衅滋事，就抓住李茂先、苏海望、芮永缙三人打了一顿板子，冯应祥收到风声事先逃跑了。谁知道一顿棍棒把芮永缙给打死了。此乃第一个案子。

　　第二个案子，荆养乔说熊廷弼此举宽恕梅氏，而重处徐氏，是为了讨好赋闲在家的汤宾尹。

　　荆养乔说的又是怎么回事呢？原来在多年之前，汤宾尹家摊

---

①　《神宗显皇帝实录》卷五五〇万历四十一年二月二日条。

上了另一档子事。汤家族叔汤一泰"强娶"徐家女儿，该女子本来配了施之济，但汤一泰买通官府，到施家把徐氏抢了过来。徐氏想不通，夜里就投井自杀了。

这事被徐家有名望的士绅、退休尚书徐元太知道了，他鼓动生员冯应祥等人为徐氏建烈女祠。时任南直隶督学御史的史学迁下了断语：徐氏非死于大义，所立之祠为淫祠。后来该祠被毁掉了。

熊廷弼对前案滋事生员的判词中有一句"施汤故智"，提到了之前汤一泰与施家争娶徐氏引发的烈女自杀案件。所以荆养乔认为熊廷弼为了给好友汤宾尹出一口恶气，趁此机会故意逮住几个生员，打死了芮永缙。

两案情事大致如此，是不是有点千头万绪？不过不要紧，让我们看看这些复杂的案子到底真相如何。

以上两案本质上以宣城各家族之间的恩怨与势力消长为里，以荆养乔、熊廷弼、汤宾尹等的争斗为表。

前面说两案三方，那么三方又是谁呢？第一方是汤宾尹，汤家。当时，汤宾尹这位榜眼正因为京察改革，赋闲在家，但他才学名动士林，仍然于官场有极大的牌面。

第二方是徐家，徐家代表人物是徐元太。徐元太字汝贤，号华阳，嘉靖四十四年（1565年）进士。官至南京刑部尚书，万历二十二年（1594年）告老还乡。他是嘉靖十五年（1536年）生人，此时已年过古稀。

与徐家联姻的施家没什么显赫的功名，在大明一代科举乏人，但族中倒是出了一个知名学者施鸿猷，万历年间在文坛也算颇有名望。

第三方的宣城梅氏就厉害了。本来嘉靖之前梅家默默无闻，在科举官场并无建树。但自从嘉靖年间梅守德进士出身后，梅家就像换了风水一般，在嘉隆万三朝科场上大放异彩，共10人考中举人，多人中进士。

梅守德嘉靖二十年（1541年）同进士出身，官至云南左参政；梅鹍祚万历十一年（1583年）同进士出身，官至巡按御史；梅守峻万历十四年（1586年）进士出身，官至陕西参政；梅守相万历十七年（1589年）同进士出身，官至广西按察使；梅守和万历二十六年（1598年）戊戌科传胪（二甲第一名），官至布政使。其中梅守相、梅守极（万历丙子科举人）、梅守峻、梅守和四位亲兄弟，被称为"兄弟三进士，一门四举人"。

由此可见，万历年间，守字辈、祚字辈枝繁叶茂。梅家子弟宣淫案中的主犯梅振祚，就是梅守极的长子。其时，梅氏家族大小十几名官员，势力之大，宣城无出其右。

而且，梅守和正好与熊廷弼为同年进士，汤宾尹与梅家族人梅守箕也是铁哥们。梅家、汤家、熊廷弼就这样形成了密切的关系。

因此，荆养乔指控熊廷弼因为与汤宾尹交好，袒护梅家、汤家。虽然熊廷弼不承认与汤宾尹相识相交，但事实上他们很可能是好朋友，这层关系不仅朝中阁老叶向高说过，还有一事可为旁证：熊廷弼的亲家兼知己郭正域曾为汤宾尹的《睡庵文集》写序。

介绍完涉案的各方势力，再看看这些案件里的人物。串联起这些案件的主要有两个名字，一个是徐氏，一个是冯应祥。

无论汤一泰强娶民妇案，还是梅家子弟宣淫案，其中女方都叫徐氏，也就是有两个徐氏。其实还出现过第三个徐氏。文秉《定陵注略》记载，早年汤宾尹强夺生员施大德之妻徐氏，徐氏不从自尽，激发民变，生员冯应祥等为徐氏建祠云云。三个徐氏先后出现，让徐家成为案件的中心。汤家屡次三番找徐家晦气，强占徐家女子或者徐家的媳妇，又是不是真的呢？

首先，第一个徐氏，也就是梅家子弟宣淫案中的徐氏是真的，在官府案牍与大臣奏疏里有迹可循。

其次，第二个徐氏，也就是汤一泰案中的徐氏也真有其人，这事熊廷弼在奏疏里提过。他查阅了过往卷宗，发现两案关联，所以称为"施汤故智"。

但是，第三个徐氏，也就是汤宾尹强占的所谓施大德之妻徐氏，显然是假的。汤宾尹强占民女与族叔汤一泰一事相似度太高，都是强占施家媳妇，徐氏都自杀而死，然后都有一个叫冯应祥的生员为苦主出头，要求建祠祭祀，后来祠堂都被拆了。天下哪有这样高度重合的两桩案件！那么，已知汤一泰案确有其事，那汤宾尹的事必然不实，十有八九是和汤宾尹不对付的人张冠李戴，把族叔的案子砸在他头上。

汤一泰与徐氏的婚配风波，加上汤宾尹的社会地位，的确很容易让人形成汤家仗势欺人、横行乡里的印象。但事实也许并非如此。

清初永嘉名士周衣德记录了另一个版本的故事。徐氏女最初是聘于汤一泰的，只是徐家嫌他的聘礼薄，就想悔婚；而施家向徐家下聘，还编出了一个指腹为婚的故事。汤家受了欺负，就告到了官府。徐家也慌了，知道自己一女聘二夫，不好交代，于是逼着徐氏女作状跳塘，想演一出戏威胁汤家。谁知道假戏成了真，徐氏女真的给淹死了。闹出人命后，施、徐两家重新占了优势，干脆一不做二不休鼓动生员闹事，同时请出了徐家族中大神徐元太。徐元太认了这门亲，到官府关说，又有生员闹事请为烈女立祠。

但过了一年，事情又出现反转。时任南直巡按的牛应元复审此案，发现施之济年近三十，而徐氏女方才二八年华，说两人指腹为婚不是有点扯吗？徐家无言以对，啸聚的生员也不敢闹腾，翻案成功。

至于所立的祠堂，熊廷弼曾在奏疏里转述汤一泰案卷宗，证实了徐元太的确插手了汤一泰案，鼓动冯应祥出头公举建祠，后来祠堂被熊廷弼的前任史学迁拆掉了。

此案证供已经列明了，看官不妨做一回陪审团：如果是你，面对这个案子会相信哪边的说辞呢？

首先，汤家在汤宾尹发迹之前，只是乡里比较穷的家族。汤宾尹自己娶妻的聘礼就很寒酸，他与同乡簪缨世家沈家的状元郎沈懋学侄女定亲时，聘礼是一只小猪，汤宾尹17岁迎亲之时汤家下的彩礼也只有一把木梳、一袭布裙。由此，汤一泰所下聘礼穷薄是非常有可能的。

其次，根据后来翻案情况看，烈女祠这样的大事如果没有真凭实据，想翻过来谈何容易，而且最终还要把烈女祠拆毁，这么大的动静，各级官员不办成铁案，又如何能服众。再看主持翻案的主要官员，无论是主持审案的时任南直隶巡按的牛应元，还是后来的南直隶督学御史史学迁，都是亲近东林党的中正之士，并非汤宾尹的同党。

由此种种，看官应该心中有数了：汤家与徐、施两家的纠纷，似乎是汤家占理。

搞清楚了汤家与徐氏的问题，再来看冯应祥，此君是串联起汤一泰案与梅家子弟宣淫案的另一个关键人物。冯应祥在汤一泰案中要求为徐氏建祠是第一次出现，第二次出现就是在梅家子弟宣淫案中，和其他生员一起举告梅家弟子。此案中被流放的三人里有汤必守，汤家似乎再次卷了进来，而且冯应祥再度站在了汤家的对立面。

据熊廷弼所说，此案被举告审理，根本不关冯应祥、苏海望等生员提告的事，在此之前已经有人告发，最初还有徐家人徐佑四、沈有华提告，这些事都发生在冯、苏等人公举之前。

照此推理一番，这事大致是这样的：梅家子弟宣淫案中的徐氏是宣城徐家的另一个闺女，或为远支，未必与徐元太有很近的血缘关系，也许是私奔也可能是被挟持，总之就在梅家住着，被梅家子弟及个别汤家子弟"宣淫窃奸"。

案情最后搞清楚了，涉事者各有责罚，梅守极的长子梅振祚等三人被判流徙，梅宣祚等四人只是被判了杖责，徐家则认为判轻了并不满意。

但此时梅家声势很盛，而徐家大佬徐元太已经垂垂老矣，徐家失去了大树荫庇，有些底气不足，只能再度使出多年前那招：鼓动生员冯应详、苏海望等人继续以公举上告。

由此可见，每战必与、每案不落的冯应祥，就是徐家的职业讼棍，只要有需要，他就出来搞事情。在辽东见识过真刀真枪的熊廷弼怎么会怕这种事，这才有了捉拿苏海望、李茂先、芮永缙打板子的情事。而且最后打死的芮永缙和汤宾尹没有任何关系。

推理至此，事情已经非常清晰：所谓讨好汤宾尹杖杀芮永缙一事，显然无法成立；熊廷弼包庇梅家、欺负徐家也无法成立。倒是熊廷弼觉得梅家兄弟禽兽不如，恨不得一刀把他们宰了，显然嫌判得轻了。但审理这案子是府道巡按的权力，也轮不到熊廷弼插手。

最后唯一成立的，就是熊廷弼为了维持社会稳定而处理桀骜

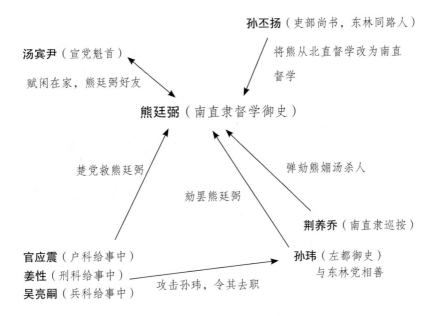

图2　两案三方中的人物关系

的生员，以打压屡屡发生的生员借公举闹事，轻则四处提告，重则啸聚市民围攻官府的行为。

熊廷弼在梅氏案子里或许真的动了杀一儆百的杀心，以芮永缙之死看，这顿打是下了死手的。案情到这里也解释清楚了，但事情还没完，荆养乔的劾疏只是打头炮，后面还牵连出一场导致朝廷上几位大佬去职的大战。

五、两御史三大员的倒下

老友顾天埈曾劝告熊廷弼：不要与地方结仇甚深，要小心舆论反扑。荆养乔这颗炮弹打出来，炸出了一摊烂泥，吹响了反扑的号角。

　　荆养乔挂冠而去前且投劾疏，朝廷首先要处理的就是荆养乔弃官而去的问题：你扔下"炸弹"就想跑，这可不行。都察院左副都御史许弘纲给出的"罚单"是降薪俸两级，但谁都知道大明朝官员不靠那点俸禄活着，降俸两级等于没有处罚。刑科给事中郭尚宾上奏，说许弘纲的处罚不公平，列出一大批出现同样情况却被革职的官员，反驳许氏的决定。许弘纲承认自己有错，还说得到同行的提醒"甚幸"。

　　"潦草挂袍"的处理已经引发了一系列的争执，那么荆养乔为何在打出第一炮后，就这么不辞而别呢？先留个悬念，后面再说。

　　许弘纲既被参，就不好继续处理此事，随后又调来孙玮为左都御史执掌都察院。对于此事，孙玮决定先把荆养乔革职，然后行勘熊廷弼，就像叶向高说的："二御史相争，必行勘，乃足服其心。"①

　　所谓行勘，就是派出御史对双方的说辞进行调查，以得出客观公正的结论。但一旦进入行勘程序，当事人就必须听勘停职。此时荆养乔已经去职，只剩下熊廷弼，那他只能停职回乡等候勘核结果。这跟今天的停职审查有点相似。

　　相公叶向高倾向行勘，但又认为不妥，担心孙玮所为会引来支持熊廷弼的官员群起而攻。果然，孙玮行勘奏疏一上，战争即告爆发。

　　支持行勘的有给事中李成名、孙振基、麻僖、陈伯友等，御史李邦华、马梦祯、魏云中、刘策、崔尔进、李若星、潘之祥、翟凤翀、徐良彦等。这些人都是"中正之士"，大多是东林党的

———————

　　①　叶向高：《蘧编》卷六，中国文史出版社2014年版，第46页。

同道或者盟友。

另一边，也有一大批官员为熊廷弼鸣冤，如给事中官应震、姜性、吴亮嗣、梅之焕、亓诗教、赵兴邦，御史黄彦士，南给事中张笃敬，御史周达等。

这次对战，楚人同仇敌忾，官应震、姜性、吴亮嗣、梅之焕、黄彦士等几乎全体出动。亓诗教是齐党魁首，赵兴邦则被列入汤宾尹门墙。

吴亮嗣、姜性认为，荆养乔是因为与地方官不和才弃官而去，不过是以熊廷弼之事为借口。同时他们也交章攻击孙玮：孙玮因为是荆养乔同伙所以包庇荆，而与熊廷弼相忌因而要剪除后者，这就是典型的结党营私。

孙玮辩解说：熊廷弼以酷法杀人，讨好他人有辱品行，有人怀疑就应该辩解释疑，需要行勘。显然他倾向于荆养乔的说法。孙玮又对言官弹劾他一事颇为不满：我是都察院老大，手下出事怎么能不过问呢，现在被人攻击，唯有请辞，以谢言官。他摆出一副任众人说三道四，老子不干了的模样。

通常这种情况，皇上肯定是站在孙玮一边的，一方面下旨安慰挽留，一方面派出御史徐应登调查此事。有着"殿中执法"之美名的徐应登并无明显的党派背景，派他行勘也是非常谨慎的选择。

万历四十一年（1613年）二月，徐应登的调查结果出来了，证明了三件事。

第一，熊廷弼对梅氏子弟的批文确有其事，但熊廷弼"恨不手刃其同党"说明他的确疾恶如仇，并未暗通里款，厚此薄彼。

第二，冯应祥、苏海望等的确被人拿钱收买，假借公举之名告遍了南京诸衙门，然后宁国府报告四人劣行，冯应祥逃跑了，苏海望等三人被熊廷弼捉去打了板子。

第三，熊廷弼讨好汤宾尹的指控并无实据。汤宾尹本来就和梅氏兄弟案无关，和被打死的芮永缙也无瓜葛。

对熊廷弼，徐应登评价很高，认为"得学臣廷弼，豪爽英迈，凡事担荷不疑"[1]，又说熊廷弼以力挽江南士风为己任，但有人对他散布谣言，大肆诽谤，这是对熊廷弼的打击报复。应该说徐应登的调查是公正持平的，结果也是可以服众的。

行勘结果出来，熊廷弼算是沉冤得雪。但即使结果如此，熊廷弼也没有复职，因他而起的风波还在继续。

到了四月，左都御史孙玮已经受不了不断的攻击，接连上了几份辞职报告，万历按照惯例下旨挽留。但这时候，就要看万历是真的想留他，还是假的想挽留了。

何为真的挽留呢？通常真要维护孙玮，就必须惩罚几个弹劾他的言官，轻则罚俸，中则降级，重则罢官，比如御史周家栋在万历三十三年（1605年）七月弹劾首辅沈一贯，当时为了慰留沈一贯，朝廷就对周家栋罚俸一年。

假的挽留，就是装装样子，发发官面文字。比如这次，万历并没有处罚弹劾孙玮的大臣，只是轻描淡写地说了句：孙玮爱卿，你要深明大义，大人有大量，赶紧出来供职，以后还有多嘴的，朕必然治罪。这只是说说而已，实际上一个被治罪的都没有，口惠而实不至。

到了七月，孙玮一直撂挑子，然后连递了25份辞职报告，这也是很神奇的一幕。按照朝廷惯例，递个三五份，朝廷要么给孙玮一个说法，比如惩罚弹劾他的人，要么不惩罚其政敌，就批

---

[1] 《神宗显皇帝实录》卷五五〇万历四十一年二月二日条。

准他的辞职。但这次已经递了25份了，朝廷还是既没有批准他辞职，也没有实质性动作。

孙玮这么做其实是非常不体面的，同时遭到攻击的左副都御史许弘纲，也打了几份辞职报告，但他看皇上除了空口慰留，并无其他实质动作后，便潇潇洒洒挂冠而去了。

有许弘纲“珠玉在前”，孙玮终于坐不住了。一个月后，也就是八月份，孙老先生挂冠出了北京。这时，相公叶向高只能出来和稀泥，说：人都走了，皇上不如给他批个假，让他休息一段时间再说。

万历皇帝也是驴脾气，仍然不为所动，一直犟到孙玮又打了多份辞职报告，才最终同意孙玮回籍调理，此时已经是万历四十一年（1613年）十月了。万历的态度颇值得玩味。总有人说万历不理朝政，但对于重要问题，比如军国大事，牵涉到经济或者维稳的事情，这个皇帝一点也不含糊。

这件事的背景是江南世风日下，导致地方不宁，民乱等动摇统治基础的苗头出现。万历从头到尾都管了，除了一些带有明显党争性质的奏章，其他的一个也没有留中，全部回复，这说明他对此事的重视。针对江南士风，他曾经特地批示：“近来士风薄恶，屡次生事。提学官还严行约束，有司官也著秉公正己，以服人心。”①

从这里也可以看出万历想要整治江南风气，这是一个皇帝、内阁诸相公，乃至地方官员都达成的共识。只是它必然会触动在地士绅阶层，比如东林诸公的利益，遭到反弹也是必然的。

从万历对孙玮的态度看，万历内心是站在熊廷弼一边的，挽

---

① 《神宗显皇帝实录》卷四九三万历四十年三月二十五日条。

留孙玮是为了维持皇帝与朝廷大臣之间的体面，以及表现他对御史台工作的支持；不处理弹劾孙玮的人，是想在这场党争中保护他认为无辜受过的一方，从而制衡咄咄逼人的东林一派。所谓雷霆雨露，皆是天恩。

一起府城里的风化案引发的朝堂大战至此算是告一段落，结果却相当惨烈。尽管没有涉及太多人命，但此案导致两位重要的南京御史和两位都察院大佬去职，还捎上了一个吏部尚书赵焕。

其实，这里最聪明的人就是荆养乔。他上劾疏后，二话不说就拍拍屁股走人了，这说明他对未来的发展有着很准确的预判。荆养乔预见到自己捅了个马蜂窝，恋栈下去，自己肯定无法全身而退。

给事中姚宗文曾讨论过荆养乔离职的原因，称荆养乔是因为搅和进了官场与乡绅复杂的利害关系之中，除了走人别无他法。这一点颇为中肯，"荆熊分祖"不仅牵扯到地方乡绅间的诸多纷争，还牵涉朝堂上不同政治势力的争斗。

梅家子弟宣淫案就牵涉汤家、梅家、徐家，以及各方背后盘根错节的姻亲家族，如汤宾尹老婆身后的沈家，随随便便数以十计的举人、进士。一旦处理不慎，落了把柄，别人就惦记上了，就算现在不报复，但日后呢？谁知道啊！

而熊廷弼呢，又带出了与东林一派的矛盾。他对东林老巢的打压可谓一石二鸟。一方面，熊廷弼为贯彻落实整肃江南士风的中央指示精神而来；另一方面，自己所属的一方政治势力，与东林诸公势成水火，他来到南直隶之后坚持一贯的严峻作风，直接冒犯了东林党领袖顾宪成，这就是一种政治上再明显不过的表态。

那东林一方如何吞得下这口气，反扑是肯定的。顾天埈显然是听到了什么风声，所以出言相劝，但熊廷弼"豪爽英迈，凡事担荷不疑"，矛盾激化成党争已是无法避免的了。

只是荆养乔万万没想到，他会成为这个开炮的人。熊廷弼意识到，荆养乔弹劾背后是于玉立这位东林大佬。

于玉立这人一向被认为是东林幕后谋主。在熊廷弼去了南直隶之后，于玉立听说有人弹劾他，以为是熊廷弼的手段，就说：熊廷弼因为我不帮郭正域，在背后撺掇人弹劾我。无论是出于组织行为还是私人恩怨，熊廷弼必须被逐，于是他们便让荆养乔借梅家子弟宣淫案弹劾熊廷弼。

此番说法有没有根据呢？当年十月，这场风波尘埃落定，非东林党的礼科给事中亓诗教上疏总结了这段党争，把责任矛头直指向于玉立。这场政治斗争始于东林之门户，而于玉立是居中指挥的关键人物。他布列爪牙羽翼于朝堂，然后驱逐王绍徽、朱一桂，如今又来对付熊廷弼，党同伐异。

熊廷弼在回忆录中还透露了一个情况：荆养乔素来与自己交好。这表明荆养乔是迫不得已才成了炮弹，一发不想打也得打的炮弹。

回顾整个案情，荆养乔弹劾熊廷弼的内容可谓漏洞百出。徐应登在勘核报告中认为，荆养乔是一个凡事都精明仔细、不随便说话的人，却因为市井谣言起了疑心，赤膊上阵与平日交好的熊御史死磕，这并不合理。

荆养乔及时隐退是明智的，最起码可以独善其身。自此之后，荆养乔拒绝复出当官，终老林泉，也许是因为看透了这个官场，不愿再当炮灰了。

如果说荆养乔缺少"苟利国家生死以"的勇气，那么同样去职的熊廷弼过的就是相反的人生。"豪爽英迈，凡事担荷不疑"

的他虽经7年韬晦乡里，却仍然没能拒绝朝廷的征召，一步步陷入了辽东那个泥沼之中。

"达则兼济天下，穷则独善其身"，你能说荆养乔与熊廷弼人生的道路，孰对孰错呢？

第四章　重整河山，辽东经略

捅了江南士林的马蜂窝，引发数场公案，在大明朝廷中掀起惊涛骇浪，对当事人熊廷弼来说，其中的是非曲直已经不重要了，他必须为此付出代价。

按照大明官场的潜规则，皇帝即使有所偏向，也无法在一场大战中明确站队。基于朝廷中维持两派平衡的帝王术，既然荆养乔已经挂冠而去，另一边的熊廷弼自然也要回老家。这就好比"囚徒困境"中的囚徒，如果互不攻讦，则你好我好大家好，如果互相揭发，那多数是互打五十大板一起逐去。

即使朝廷勘核结果表明熊廷弼没错，但回家待勘的处理起到了和罢官一样的效果。从万历四十年（1612年）秋到四十七年（1619年）四月，他在家一待就是将近7年时间。在此期间，熊廷弼造福桑梓，寄情山水，过着闲云野鹤般的生活，这段日子也算是他人生中难得的长假。

其间都察院有起复熊廷弼的念头，但万历四十二年（1614年），熊廷弼母亲病故，按规矩他要居丧3年，起复一事被耽搁下来。熊廷弼办完母亲的后事就移居乡下，一来为母亲守制，二来也过上隐居生活。他闭门谢客，连官府邸报也不看，平时种树钓鱼，与朋友下棋，日子过得轻松惬意。

大明朝的日子一如过去那样平淡无奇。辽东在熊廷弼离开那几年里看上去风平浪静，努尔哈赤亲自进京纳贡，并且愿送子入明为人质，以缓和边境局势。此时建州女真的策略是对大明韬光养晦，继续以兼并其他女真部落为首要任务。到了万历四十三年（1615年），建州女真因人口和军事实力膨胀，又在黄、白、红、蓝四旗基础上，扩展出镶黄、镶白、镶红、镶蓝四旗，其行政、军事、社会形态也初见规模。

辽东的官员对建州女真的态度大不一样，有人认为努尔哈赤狼子野心，必须钳制，也有人认为应以羁縻怀柔为主，对其进行安抚。但总体而言，边境形势有所缓和，万历四十三年（1615年），边疆督、抚都认为，努尔哈赤自从退地（宽奠六堡等地）以来，一直比较恭顺。

这让辽东官员对形势出现误判，甚至在叶赫部与努尔哈赤因为婚约而起的纠纷中采取中立态度，还想搞驱虎吞狼，使女真内斗的把戏，完全忘记了熊廷弼秉持的"保叶赫抗努"策略。

和平似乎已经来临。万历四十四年（1616年），辽东风平浪静，从五月到八月，《明实录》中竟然没有任何关于辽东事务的记载。边备松弛如斯，努尔哈赤不挑起点事情，怎么对得起这些封疆大吏们？

就在这一年，努尔哈赤在赫图阿拉称汗建国，称明朝为"南朝"，与之分庭抗礼。努尔哈赤自封"覆育列国英明汗"，国号金（史称后金），这也标志着他对女真各部的兼并基本完成，有了与大明一较高下的实力。

但是这么大的事，大明和属国朝鲜竟然一点都不知道。山雨欲来，在大明看来的"风平浪静"之中，孕育着一颗不安分的心。叶赫背婚，没把女真第一美人嫁来，大明却支持叶赫与建州女真作对；本来划定了边界，大明边镇兵民却一而再再而三越界，努尔哈赤杀越界之人，辽东官员兴师问罪，逼他交出11人抵命。如此种种，让努尔哈赤怒火中烧。

到了万历四十六年（1618年）四月十三日，努尔哈赤将这些年与大明的冲突加上之前杀祖杀父的不共戴天之仇总结成"七大恨"，突然对大明发动全面战争。

从万历四十六年（1618年）四月到万历四十七年（1619年）三月，一年时间里，后金在辽东攻城略地，陷抚顺、战清河、夺铁岭、逼沈阳，赢得了萨尔浒会战的胜利。八旗大军横空出世，在军事上完全碾压了庞然大物一般的大明朝。

萨尔浒败绩传来，四路大军三路折戟，4个总兵、2名副总兵、2名参将、10多个游击守备、13万大明精锐，全军覆没。消息如同旱天惊雷，大明朝堂衮衮诸君被震得目瞪口呆。

精锐尽丧、士气尽失，辽东已经成了彻底的烂摊子，只剩下待收拾的残局。万历四十七年（1619年）三月底四月初，朝廷颁布明令：大小臣工赶紧商量商量，到底该怎么办。于是各部主事、各科给事中、御史们纷纷上奏，有的没的各抒己见，而且在关键的人事问题上，人们不约而同就想起了已经在家里赋闲7年的熊廷弼。

兵科给事中赵兴邦、御史杨鹤等一众中低级官员，都提出要赶紧起用熊廷弼。这个意见立马成为朝廷的共识，人们需要一个有胆有识、熟悉辽东的官员为他们带来一点安全感。这人非熊廷弼莫属。

万历四十七年（1619年）三月二十三日，朝廷任命熊廷弼为大理寺左寺丞兼河南道监察御史宣慰辽东。圣旨星夜送往湖广，急召熊廷弼进京勤王。

一、将军不敢骑白马

圣旨大约走了半个月，四月十二日就到了江夏。差官宣谕完毕，熊廷弼收拾行装离开了偃居7年的老家，踏上了一条前途未卜的道路。

熊廷弼走了几天，过平靖关宿在信阳，这时候第二个催促的差官又到了。这次熊廷弼收到了让他错愕失据的消息——朝堂科道九卿已经有了让他经略辽东之论。熊廷弼与友人写信说，一开始以为不过是作为钦差大臣到辽东宣慰，稳定人心，谁能想到一下子从临时的差遣变成了经略。熊廷弼大呼后悔：如果迟走几日，他就力辞不出了。

熊廷弼深知辽东原先是什么样子，加上如今大败之局，地方已经糜烂不堪，军伍空虚、毫无士气，辽东残局不及救、不能救。他真心不愿蹚这趟浑水，但此时的他已颇有点风萧萧兮易水寒之感。继续出发前，熊廷弼向亲友托孤，似乎已经做好了最坏的打算：这条老命怕是要搭在辽东了。

熊廷弼到了黄河岸边，听到了更不好的消息：一批由湖广调往辽东的士兵走到邯郸就哗变了，一堆人呼啦啦往南奔逃，到黄河岸边抢船，军中佐领但凡阻止，逃兵就持刀拼命。

这印证了熊廷弼对辽东军心的担忧，所以还未到京，他便四处"化缘"，求爷爷告奶奶般找兵寻将。他分别给王威、杜文焕去信，请两位总兵各精选数百名家丁发来充当他帐下标兵（经略、总督、巡抚标下直辖兵力），还亲点王、杜二人手下精锐家将一同前来，供其驱遣。

这一举动让人看到了熊廷弼的另一面——纵然是有勇有谋的儒将，也有担心害怕的时候。京城衮衮诸公都抻着脖子等着凡事有担当、有胆识的熊飞百，但谁能知道他对未来的悲观态度，已经溢于言表了。

熊廷弼走了大概20天才到京城。一路天热难当，加上心里焦虑，熊廷弼到了保定就病倒了，热毒发作，浑身长疮。之前一连数差飞马催促熊廷弼星夜前来，他赶路赶得病都出来了，但在北京一待就是一个月，朝廷又没了进一步指示。熊廷弼觉得很奇怪：不是催我赶紧赴辽吗，现在怎么又不着急了？他无奈上奏：救兵如救火，请给我任命书，好让我赶紧赴辽收拾残局。皇帝只回复了"该（兵）部知道"简单几个字。

为什么一件十万火急的差事，朝廷又耽搁了下来？因为经过初期的慌乱之后，朝中对如何任用熊廷弼出现了不同意见。有不少官员支持他升任辽东经略，也就是赋予他辽东军政全权。到了五月初七，首辅方从哲代表挺熊一方上奏推举他为经略。本来首辅推举皇帝应该给面子，但这个意见却被万历压了下来，留中不发。

说起辽东经略一职，有必要讲讲巡抚、总督、经略几个官职到底是做什么的，及其彼此之间的联系。明朝初年没有巡抚，一省的最高行政长官是布政使，后来因为需要统一军政事权，才临时派遣巡抚。一开始巡抚就是一种临时性质的差遣官，在景泰、天顺年间开始普及，到嘉靖年间成为固定官职。

巡抚一般是一省或一个地区的最高军政长官，管军事亦管民事（牵涉粮饷筹集）。因为要有监察、司法的权力，所以巡抚都有都察院都御史的加衔，又因为要管理军务，有的巡抚会有军务的差遣，比如辽东巡抚全称就是"都察院右佥都御史巡抚辽东赞理军务兼管备倭"。

除了管一省，也有巡抚管辖"三不管"地带，它们通常都是

"老少边穷"地区，比如广东、福建、江西、湖南交界地区。王守仁就曾当过这里的巡抚，称"都察院左佥都御史巡抚南、赣、汀、漳等处地方"，后来因为要调兵剿灭山中贼寇就加了"提督军务"的差遣。另外还有偏沅巡抚（管湖南、四川、贵州交界地区）和郧阳抚治（管湖广、河南、四川、陕西交界地区）。

还有纯粹因为军事需求而临时设立的职务，如天津、登莱、宣府、大同等地设立的巡抚，管理地盘小，但军事责任大。

有的时候，巡抚也会有兵部侍郎加衔，如万历三十四年（1606年）七月，就为陕西巡抚左副都御史顾其志加了兵部右侍郎衔。这种情况通常是朝廷需要嘉奖功臣，但又暂时无法令其升迁，便加衔以酬。

总督主要是为长期军事需要而设置的，通常是由于某战区下辖两到三个军镇或巡抚辖区，需要一人来协调。如三边总督，就是负责陕西、延绥、宁夏、甘肃等军镇；宣大总督，负责宣府、大同两个巡抚辖区；蓟辽总督负责指挥北直隶、蓟镇与辽东镇。初期的总督也是临时设置的，但后来因为战事天天有，某些总督就成了定例。

经略是纯粹的临时差遣，通常因某个特定战事、某些边疆军务需要而设，事情结束就撤销，从未成为定例。如万历十八年（1590年），郑雒以兵部尚书兼都察院右都御史经略陕西四镇及宣大山西等处边务。有的经略是因为战争需要设置，如朝鲜壬辰之役，朝廷就特别设立了经略统一指挥。杨镐、熊廷弼是负责辽东方向对建州女真作战的经略。后来又设置了管辖规模更大、协调省份更广的总理，如因应流寇战争设立的总理南直隶、河南、山东、湖广、四川军务的职务。

经略、总督、巡抚理论上各干各的，在辽东战区，蓟辽总督、辽东巡抚并不统属于经略。但如果朝廷明文划定统属关系，则巡抚、总督也要听命于经略，就如熊廷弼二度经略辽东，朝廷就明令他管辖广宁巡抚王化贞。辽东在过去几年已经成为帝国的焦点，所有军财物都往辽东集中，总之，辽东经略权力极大。这个指挥十几万兵马、调动数百万钱粮的位置，人选自然是各方派别争夺的焦点。

朝堂中有人担心熊廷弼能否胜任：翰林院检讨丁绍轼就认为不可将辽事全付一人；工科给事中祝耀祖则认为，应该以辽东巡抚周永春顶替杨镐出任经略，而熊廷弼出任巡抚。

在这些反对意见的顶牛之下，辽东经略的最终任命竟然一拖就是两个月，熊廷弼真的给气到了：先前让我星夜前来，现在却把老子晾在一边。他牛脾气犯了起来，就给万历上了一道奏疏，彻底开骂，甚至把万历也捎带了进来。

熊廷弼说：辽东军民死伤累累，皇上您心不痛吗？即使您不下罪己诏，也应该赶紧派我前往辽东抚慰军民啊。熊廷弼脾气一上来，就口不择言，竟然到了威胁皇帝下罪己诏的份上。万历当然不理他，把他的奏疏扔到一旁。

只是，所有这些争拗、游移不定，都随着开原陷落而烟消云散了。六月十六日，后金大军攻陷开原，在萨尔浒逃了一命的马林总算没有再当逃兵，战死城中。开原失陷等于切断了辽东与北关的联系，大明已经无法联合叶赫部夹攻努尔哈赤了。

6天之后，朝廷颁下明诏，命熊廷弼为"兵部右侍郎兼都察院右佥都御史经略辽东"。再两日，万历下旨催促兵部赶紧赐予敕书关防，让熊廷弼尽快上任，同时赐下先斩后奏的天子剑，赋予他辽东军政全权，便宜行事。

这一场辽东经略任命的争端，预示了熊廷弼未来的命运。值此生死存亡关头，大明朝野仍然在为谁去蹚雷吵个不停，只可怜清楚知道前途渺茫的熊廷弼，明知山有虎还得向虎山行。日后，敢作敢当的熊廷弼，面对的不仅仅是张牙舞爪的后金铁骑，还有身后同僚们的明枪暗箭。

二、单刀赴会

七月初六，熊廷弼陛辞，走上了漫漫雄途。这次辽东之行与10年前不一样，那时他不过是小小的巡按，天塌下来还有巡抚、总督顶着，而如今他却成了辽东的老大。只是这老大的位置，不好坐。

辽东现状是狼烟滚滚，抚顺、清河失陷，开原新破，青阳弃城，庆云堡被抢，镇西堡被围，中固堡、铁岭、懿路、汎河数城老百姓已经一哄而逃，成了空城。更要命的是，沈阳军心民心已经动摇，军民纷纷逃亡。

前面讲过，熊廷弼的辽东战略中，重要的是城，明军野战不行，唯有依靠城垣方可与后金周旋。现在小城堡军民望风而逃，就失去了守辽的战术支撑点，而一旦大城再逃亡一空，即使有军队进驻，也是无源之水。所以熊经略首先要做的就是稳定前线局面。只是前线十万火急，他已经没时间等候兵将齐全，只带几个随从便启程了。

七月十七日，熊廷弼抵达山海关。本来兵部商量要调一万兵给熊廷弼，但此时全没踪影，只有总兵柴国柱挑选了400名士兵恭候差遣。但柴国柱说了，这些兵都是银样镴枪头，不堪一战。等了几天，又到了一些榆林骑兵，他们因为路途遥远，都已人困马乏。熊廷弼勉强挑出400人，加上柴国柱给的400人，二十三日，这八百兵随他出关而去。只是刚走到十三山驿（锦州东北），噩耗继续传来：铁岭失陷。

铁岭是在七月二十五日被攻破的，当时奉命守城的是游击王文鼎。铁岭本与虎皮驿、沈阳成鼎足之势，一旦有警，沈阳李如桢、虎皮驿贺世贤都应该支援。但后金兵马杀到铁岭时，明军毫无防备，城外据点驻兵一半被歼，一半散逃。在清理完外围后，努尔哈赤在城外小山督战，令大军搭云梯蚁附登城，只打了一个时辰就攻破了城墙，破城之后，将城内军民两万人屠杀殆尽。守将王文鼎在城破之时只身逃跑。

按照大明的计划，明军将会同蒙古人支援铁岭。与努尔哈赤有仇的蒙古酋长宰赛带了一万骑兵如约前来，在城破第二天就到了城下。但约好的明军却放了鸽子，支援大军才走到铁岭外围，得知城已破，就连忙撤了回去。

明军一撤，宰赛就被坑苦了。二十六日早上，蒙满两军在城外打了一仗，宰赛部大败，连宰赛本人在内共6个贝勒被俘。由此，努尔哈赤与蒙古部落也彻底撕破了脸皮。

此时，铁岭失陷，沈阳也已经在努尔哈赤的兵锋之下。本来熊廷弼可以停在广宁，至少等到凑齐人马和粮饷，再图进取。但他的牛脾气又上来了。他仅在广宁停留了一个晚上，就连与巡抚周永春的会面都是在校场上进行的。随后，他换下八百残兵，率领巡抚帐下一千标兵继续前进。

八月初二，熊廷弼抵达海州，与旧经略杨镐相见，两人进行了交接，经略关防大印、旗牌移交完毕，熊廷弼正式上任。随即万历降旨，命锦衣卫捉拿杨镐，将其绑到京师问罪。

此时熊廷弼得到的消息是女真、蒙古东西两路合流，意图进犯沈阳。这也许是宰赛部前往铁岭的消息带来的干扰，辽东的情报系统此时有些混乱。尽管凶兆频频，熊廷弼还是选择继续前进。他日夜兼程，一天一夜跑了300里路，终于在八月初三进入沈阳。

熊廷弼进城之后使出雷霆手段，对文武官员均大肆整肃。在乡知州李尚先谣言惑众，说后金要攻沈阳，还把家眷撤离。熊廷弼首先拿他开刀，派人将他抓来，又逼着城中逃跑的富商大户把家眷迁回。

接下来是整理军伍。熊廷弼先将逃跑将佐刘遇节等人斩于都司衙门，以此震慑全城。眼下，城中还剩川兵以及其他从萨尔浒逃回来的败兵两三万人，但大多丢盔弃甲，十分狼狈，他命柴国柱将这些士兵分营整理。

败军之将不可言勇，熊廷弼认为败兵没法打仗，就将他们撤下城墙，换上当地民兵守卫。接着，他与众将绕城巡视，为守城军民发放赏银。最后，他召集全城军民设坛，悼念抚顺、清河、开原、铁岭等地死难民众，其间免不了演讲一篇鼓舞士气的悼文，众人抱头痛哭一场。

就这样，熊廷弼只用了几天时间就让士气低迷的沈阳逐渐安定下来，至少之前那种从富商大户到贩夫走卒都在打包袱逃亡的满城恐慌终于得到控制。

而努尔哈赤在铁岭赚得盆满钵满，似乎也满意这把收益，并没有进一步攻打沈阳，而是打道回府消化胜利果实去了。

后金的攻势暂告一段落，熊廷弼也解了燃眉之急。然而环顾四周，辽东满目疮痍，兵微将寡，任凭熊廷弼再巧，也难为无米之炊。接下来，最重要的事就是增兵筹饷。但整个大明帝国的兵将，谁还愿意去辽东呢？增援辽东和送死没什么区别，而且偏偏领导还是个不怕死的主。

三、东出山海无故人

熊廷弼到任后，辽东之残破让他倒吸一口冷气：李如桢在沈阳有兵一万，能打的不过一两千；守虎皮驿的贺世贤有兵数千，但堪战者不过2500人；柴国柱守辽阳，有川兵、败兵乱七八糟的两三万人，但建制残破，武器装备尽失，毫不堪战。

更要命的是，自总兵以下，副将、参将、游击、督司、守备阵亡的有五六百人之多，几乎全员覆没，连带着手下家丁也损失逃散。一个总兵、副将，手下家丁大几百上千，参将几百，游击上百，守备几十，加起来家丁的损失就有大几千人。要知道在明末，家丁已经成为明军的主力，没了家丁，明军根本没法打仗。

无兵无将，熊廷弼也是内心惶急，一连上了《请发近镇兵将疏》《议置道将疏》《请发军器疏》《急缺将才疏》等好几份奏疏催请朝廷调兵遣将。

其实不等熊廷弼上任，大明朝廷早在萨尔浒会战失败后，就已经开始调兵遣将来填辽东这个窟窿。四月初就命宣府总兵刘孔胤、山海关总兵柴国柱速率兵援辽，另改李光荣为镇守辽东总兵，驻广宁专御蒙古，然后调甘肃总兵李怀信取代柴国柱为山海关总兵。

接着，兵部统筹调遣各路援兵，计有延绥兵2000人、宁夏兵1000人、固原兵1000人、甘肃兵700人、山东标兵2000人赴辽；另外命延绥游击李茂先、固原游击吴葵等各带家丁支援。

然而，熊廷弼要的比这更多。他列了一张单子，首先要朝廷调遣将领93人，从九边重镇到广东、贵州，人员遍及全国，其中就有日后名扬辽东的戚金、陈策等人。然后与兵部商量，征调蓟镇、镇定、保定、山西、山东、河南等处兵马两万，以及所有将领旗下家丁，火速援辽，在辽东当地也招募了新兵一万多人。到了七月，勉勉强强给辽东凑了7.42万人。

虽然熊廷弼在各处不断征发兵马，但更大的问题来了——明军士气已丧，行动迟缓。各地兵将知道辽东战况后，都给吓屁了，像宣府总兵刘孔胤，不仅磨磨蹭蹭，不肯开拔，还挑动士兵军兵哗变，索要开拔赏银，被兵部逮问。

熊廷弼在黄河边遇到的溃兵，就是湖广永顺保靖土司兵，原来计划调4000人，发兵只有3000人，从正月一直走到六月二十九日才到山海关，一点人数，只剩下706人。

赴辽的兵马视辽东为绝路，路上逃亡已成为主流。兵部说援兵有7.4万多人，但在辽东核查之下只有3.03万人。

熊廷弼到辽之初，做得最多的事就是催促援兵，几乎到了每疏必催的地步，哭也哭了，求也求了，只是援兵仍然无望。最后，熊廷弼只能使出一招——"认输"。

先来一篇《辽左大势久去疏》，说战守已无可支。他分析辽东兵马只剩四类：一是残兵，都是历次败仗逃回来之兵，所属将领或死或降，这些兵士气全无，建制全乱；二是额兵，就是虚冒顶饷，但实际上压根没人；三是募兵，但辽东真正能打的男人早被招募入营，且都折在了萨尔浒，现在能招到的只是一些地痞流氓，他们只图领一份安家费、月饷而已，根本不能打；最后一种是援兵，但各镇自己也需要兵力来防守，哪里肯派出强壮人马呢，来援的也不过是充数的老弱病残而已。

再说马匹兵械，辽东还有一万匹马，但多半瘦弱不堪，难以驰骋疆场；盔甲、刀枪、火器全都折损，现在的军兵都是光着身子上阵，拿的都是断刀破弓。你让我凭着这样的人马守卫辽东，那不啻缘木求鱼。皇上必须"大出血"，不掏个几百万内帑，招募个一二十万精兵前来，辽事不可为。

最后的结论是：辽阳恐怕守不住了。

尽管熊廷弼极尽哭诉之能事，但仍然没有获得什么效果，各路援兵仍然磨磨蹭蹭。

就在此时，努尔哈赤趁着大明无暇顾及，继续攻城略地，在八月二十一日攻陷北关，灭了叶赫部。金台石自焚而死，布扬古见大势已去，便出城投降了。本来保证不杀降的努尔哈赤，过了没多久就食言杀了布扬古，将叶赫部连根拔起。女真一族再无可与努尔哈赤争一日之短长的人了。

熊廷弼从10年前就一再把保卫北关作为压制努尔哈赤的大战略，如今这个战略终于走到了尽头。熊廷弼生出强烈的无力感，产生了弃守沈阳的念头。他近乎破罐子破摔地对万历说：北关失陷，沈阳已经被孤立，沈阳道韩原善、阎鸣泰等官员要求从沈阳撤退，我也认为应该从沈阳撤退了。

到了这时，皇帝终于着急了，命令他务必保住沈阳，遏止努尔哈赤进一步深入。万历只得再度下严旨催促兵马器械火速调发援辽。只是皇帝不差饿兵，要重建辽东防务，除了兵还要有钱粮，对于大明而言，钱也是另一件卡脖子的大事。

四、粮饷捉襟见肘

打仗打的就是钱粮，对大明来说，缺的就是钱粮。作为一个财政制度缺乏弹性的帝国，一旦遇到天灾、民变、叛乱之类的意外事件，这个国家就会陷入财政危机。自嘉靖之后，大明步入晚年，这种情况更为突出。虽然张居正的改革延缓了经济危机的到来，但万历朝的"三大征"揭开了潘多拉魔盒，万历初年积累的家底到万历晚年已经花光了。

辽东等九边军镇募兵越来越多，太仓库支付边镇的年例银也与日俱增。万历五年（1577年）年例支出只有260万两白银，到了万历四十五年（1617年）已经达到381万余两，增长了约47%。负责支付边境粮饷的太仓库终万历一朝，长期处于赤字状态。

这种紧张状况因为努尔哈赤的起兵达到顶峰。为了应付辽东边境战争，朝廷征发全国军队奔赴辽东，为了支付萨尔浒之战的费用，大明对全国土地额外征税三厘五毫，共加征200万两白银，以充辽东饷银。不幸的是，这笔投资在萨尔浒一战打了水漂，彻底成为沉没成本。但大明朝还必须持续往这个无底洞里砸钱。

当萨尔浒大败的消息传来，对皇家财富一直耿耿于怀的文官们再度将目光投向了紫禁城。他们首先要求万历皇帝出点血，发内帑以济边用。这次已经容不得吝啬的万历再节省了，他一次拿出了39.6万两内帑。但这点钱完全是杯水车薪，兵部又跟各部门进行协调，从太仆寺（负责马政）凑银10万两、户部借银10万两、南京兵部凑银10万两、南京户部借银10万两、南京工部借银10万两，共凑了50万两。

90万两银子看似不算少了，但对重建整个辽东防务来说远远不够。战争是个吞金巨兽，吞到什么程度呢？七月初七兵部调兵，内地调9000人，每人安家费5两、马价10两，合起来共安家费4.5万两、马价银9万两；调将领11人及其家丁总计6500人，每人安家费同样是5两银子，马价12两，共计安家费3.25万两、马价银7.8万两。总计24万多两银子撒出去，才调动了15500人。而在熊廷弼规划中，辽东需要兵马15万以上。

安家费只是开始，一名士兵一年还要18两饷银，每月还需

5斗粮食，除此以外还有年赏、功赏要给。对于一个已经严重依赖募兵制的国家来说，钱才是战争最紧要的问题。但大明是真的穷，为了凑这笔战争费用，大明几乎到了砸锅卖铁的地步。

首先，是到全国各地府县搜刮家底。滑县有屯积银，南直安庆府有操江银，福建上杭县有河税银，南赣、郧阳二抚院各有积存兵饷银，北直广平府、山东登州府、福建沙县等地存积银两都要上缴。

清查完了，所有存银都要上交户部。户部砸锅卖铁凑饷的举措得到了万历皇帝的大力支持，他立刻下旨，命各地巡抚、巡按严查催解，以济急用，迟者参处。

再者，万历派太监到各地收税，且不再坚持输入内库，着各省税监所收的内助皇宫重建之税银，全部解往户部，接济辽饷之用。税银收入其实并不稳定，到万历四十七年（1619年），大部分税监及其功能已经减弱或失效。

其他措施还有罚没贪赃枉法的官员的财产，如在辽东捉拿开原推官郑之范，罚没财产巨万；又命戴罪总兵纳马自赎，有麻承恩纳马800匹、刘孔胤纳马500匹以赎罪，仍令自带家丁援辽立功。

只是以上这些钱都不过是小打小闹罢了。为了钱的事，在万历四十七年（1619年）的夏天，皇帝与文官之间终于爆发了激烈的冲突。

负责督饷的户部侍郎李长庚给算了一笔账：每年中央财政收入粮食（本色）、银钱（折色）总共1460万两（石），其中600万两入内府（包括丝、绵、绢匹、蜡、茶、颜料等其他物资）支付皇家及在京武官勋贵粮俸。因此，文官认为皇家用度太大，希望能有所减少，如每岁的金花银就可减少一点。此外，文官们不经皇帝同意，就暂缓了金花银入宫。

万历一听就火了，特别向户部、兵部下旨：金花籽粒银可不是让我一个人花，还要支付在京武官勋贵的俸禄，而且历年拖欠100余万两。辽东粮饷一年就花了300余万两，虽然兵败，但花了多少，兵还有多少，你们不搞清楚，怎能动不动就把责任推到朕身上？万历一言道出了文官们的动机："动辄以请帑为饰，希图塞责。"①皇帝一生气，对两部的属官每人罚俸一年。

万历也不与臣下保持体面了，直接道出了辽饷的本质。熊廷弼在前方哭饷，这是自然的，因为关系到身家性命，相应地，后方负责增兵充饷的官员们就负有极大的责任，因为粮饷兵员不给够，仗打输了，熊廷弼等一众前方官员是有理由推卸责任的。

兵部也不傻，虽然负责调兵遣将，但深知调兵要钱，且钱要从户部来，于是一再将责任推到户部头上。兵部尚书黄嘉善说：我的差官去户部领饷，但户部却"踢皮球""打太极"。

到了户部这里，还能怎么办，只能想办法把皇帝拉下水。粮饷不够，皇上也得跟着出血。但万历一向吝啬，无论是掏出内帑，还是减少金花籽粒银的进贡，都不答应，那钱粮要是供应不上，可就与户部没有干系了。

球传了一圈，踢回皇帝这里。他也很生气：在萨尔浒会战之前，他发了30万两银子的内帑，而仗打败后，又发了40万两，而且他还下令将本该进宫的税监收入，也都发往辽东充饷。他认为自己做得已经够可以了，文官还没完没了地要钱，这就不是钱的问题，而是推卸责任。

这一个连环套，显示出一个臃肿帝国在危急关头各方的状

---

① 《神宗显皇帝实录》卷五八四万历四十七年七月二十三日条。

态。辽饷最终还是要依靠加征，而且给事中姚宗文提出，原本说暂借一年的辽饷还是要继续借。于是，辽饷借着借着就成了定例。万历四十七年（1619年）仍然加征200万两以充辽饷。

辽东花费了一大笔大明岁入，以致有的官员认为，辽东偏远，全国这么调兵折腾，费钱太多，不如以"辽人守辽土"，多招募辽人为军，可以减轻财政压力。

"以辽守辽"在未来十几年里仍然是大明朝野争论的焦点，这里充满了经济与党争的算计。

五、"以辽守辽"是伪命题

在辽头3个月，熊廷弼面临的最大问题是兵微将寡。后方调兵磨磨蹭蹭，好不容易赶到的也是人困马乏，而且缺额逃亡甚多。从外调兵的确存在不少问题，而以辽人守辽土是最省事的做法。因此萨尔浒大战后，兵部尚书黄嘉善、户部尚书李汝华都在第一时间仍然主张以辽人守辽："且耕且守，无事调发之繁，而有守战之用。"[1]日后袁崇焕也说："南兵脆弱，西兵善逃，莫若用辽人守辽土。"[2]

重用辽人，既避免了调兵的折腾，又能利用当地人守土有责的士气，岂不是满足了各方面的需求吗？对缺钱的大明来说，确能如此，便再好不过了。

理倒是这个理，只是现实情况真是如此吗？非也。辽人首要的问题是跟蒙古、女真相交日深，他们之间有剪不断理还乱的

---

① 《神宗显皇帝实录》卷五八一万历四十七年四月初七日条。
② 《熹宗哲皇帝实录》卷六八天启六年二月二十五日条。

关系，这便引发了对于辽人可靠性的担忧。熊廷弼抱怨，辽东到处都是努尔哈赤的奸细，连他出关有兵无兵，后金方面都洞若观火。

有代表性的投降以李永芳、佟鹤年为重。李、佟二姓皆为辽东大族，他们的反叛让整个辽东将门的可靠性完全崩塌。熊廷弼对辽东将官极度不信任，认为他们勾结后金，随时可能把辽东给卖了，无法依靠。

辽东大败之下，辽人士气尽丧。在熊廷弼看来，诸如因为亲人死难，老百姓怀着报仇之心必效死命的说法都是"想当然"。辽东老百姓也很怕死，守城不听，挖壕筑城不听，采草砍木也不听，心心念念着逃跑。辽人与蒙古人、女真人混居多年，习性都接近。女真人对辽民有杀亲之仇，但辽人却没有恨意；官府有差使，辽人反而满口埋怨。

民心影响到军心，各地募兵都存在严重问题。首先是军兵难募，赞画刘国缙（辽人）招募的万余人，很多都是由差头威逼利诱而来的，没有盔甲，没有训练，全无纪律，百无一用。但各处吃紧，熊廷弼只得将他们发往各地驻守。各地将领对这些新募的辽兵十分嫌弃，因为他们不仅打不了仗，还要派兵保护。

最值得一提的是守备清河的2100多名新兵，这些新兵主要来自辽南的复州，也是由刘国缙招募的。到了快过年的时候，新兵的父子兄弟过来探望，说很多人都已经逃回去了，回去后加入复州团练，可以重新拿一份银子。这些新兵便一哄而散，说是等过了年再来。备御熊锦连忙派人去追，只捉回来300多人，在营的和追回来的加起来不到千人。这些人还哭爹喊娘嚷嚷着要回家，依旧变着花样逃跑。最后到了年前，人已全部逃逸。清河的辽人新兵并非孤例，其他地方的新兵也大多如此。

士兵逃散不仅仅是因为怕死，还因为这里有一盘生意。辽东能募到的士兵，大都是佣徒厮役、游食无赖之流，他们应募不过是想赚个安家费。巡抚周永春向熊廷弼报告，辽东卫所的额军，很多都嫌卫所的粮少，就应募当兵去了，以至于卫所的军户逃跑一空。大明的军、兵是有区别的，军指的是卫所之下的军户，平时耕地，战时打仗，兵则是应募拿饷的，相当于职业军人。军户逃空还有一个后果，就是没人种地，以辽土养辽军更成泡影。

这些逃军在各个新兵招募点报名，不同营头换个"马甲"再报一次，谁也不认识。他们早上去这个营领出月粮，到了晚上就到另一营点名，东家来西家去，忙得不亦乐乎。领月粮的时候，人就出现了，等到听说女真人要进犯，人又一哄而散。

面对这么一些士气尽丧的军民，即使号称能臣的熊廷弼也徒叹奈何。他给皇帝发牢骚：皇上啊，你把我"炒"了吧，谁行谁上，我实在是管不了这些辽东募兵。熊廷弼认为"以辽守辽"之说误边误国，持此说者，不过是想以此为借口，以缓征调。说白了，还是凑饷无力、发兵无能，把锅甩给辽东。

最后，熊廷弼要面对的，不仅仅是无能官员的甩锅，还有"以辽守辽"的焦点——辽东李家的问题。众所周知，以李成梁为首的李家雄霸辽东半个世纪，是当地一等一的豪族。李家如松、如柏、如桢、如梅众多子辈都任职总兵高位，门下家丁出身的将领也升任要职，盘踞在辽东各路要津。以辽守辽，首先逃不开的就是李家的控制。

李家在万历中后期已经朽败，从杀良冒功、掩败为功，到贪墨顶替、压榨军民，不仅不再是辽东栋梁，还逐渐变成了辽东的毒瘤。李如柏在萨尔浒会战中裹足不前、行动迟缓，导致杜松孤军冒进，不得不说是全局失败的原因之一。

但即使如此，在京中仍有一大票人为李家说话。李成梁三子李如桢在锦衣卫执掌南北镇抚司，官至右都督，位高权重，虽然多年未经历战争洗礼，但仍为朝中大佬举荐。兵部尚书黄嘉善、辽东巡抚周永春在萨尔浒兵败后，都举荐李如桢取代李如柏继续镇守河东，说明李家在朝中仍然有不少奥援。

但是，这一切对于深谙辽事的熊廷弼而言，自然是不利的。早在宽奠失地案中，熊廷弼就与李家翻脸了，如今他自然不希望李家继续危害辽东。因此一上任，他就上奏要求罢免李如桢，指出李如桢有"十不堪"。

到了此时，熊廷弼也甩出了底牌："以辽守辽"这一主张是辽人为了保障自己的地位而提出的，他们不想因为客兵客将的调入而使自身利益受到损害，其中算计，如此而已。

无论怎样垂死挣扎，李家在辽东的统治也到了收场的时候。河东总兵李如桢标下1100名家丁，是支撑着李家纵横辽东的8000名家丁仅存的余烬，随着战局恶化，最后的家丁又逃去了480名，基本武力彻底坍塌。随着铁岭陷落，李如桢因营救不及被熊廷弼拿下，而早已被逮执问罪的李如柏在泰昌元年（1620年）九月畏罪自杀，李家的神话彻底落幕。

客观讲，熊廷弼说的情况接近事实：日后辽东将门如祖大寿、吴襄，都是善于保存实力的"逃跑大王"，一遇后金大兵，便作鸟兽散，全无战斗意志。屡次大战，能出力死战的不过浙兵、川兵而已。

"辽人守辽土"的论调，背后牵扯着大明的钱袋子，内地文官一旦感到兵源粮饷的压力增大，都会重提"以辽守辽"。终熊廷弼整个辽东职业生涯，财政始终是无法绕过的死穴。

六、傅堞而守

熊廷弼新官上任辽东的"三把火"，是被努尔哈赤浇灭的。熊廷弼人还没到，开原、铁岭陷落，马林阵亡；八月，努尔哈赤夺北关，河东的防御体系崩溃。只剩下沈阳与辽阳两个战略支撑点，守不守得住，这是大明朝野都迫切想知道的事。

如何守辽？各种各样的策略层出不穷。反正言者无罪，大部分谏言不是罗圈话，就是胡说八道，让人感到大明朝上下的慌乱和无措。

吏科右给事中姚宗文建议，辽东的生员，有能团聚5000人的，事平以举人拜官，能团聚万人的，事平以进士拜官。这些动辄团聚5000人、万人就给举人、进士的说法，说明他对辽东人心士气完全不了解，怪不得万历不赏识他。日后，姚宗文和熊廷弼还会有很多故事。

还有更荒唐的提议：刑部员外冯时行给朝廷献了各种奇形怪状的车，有飞输车、旋风车、降魔杵车，还说用2000多名木匠造车500辆，用兵一万，用一个月饷银30万两，可平复开原、铁岭，几个月可以平辽。

满朝大都是这些乱七八糟的策略，百无一用。万历皇帝的感受可想而知，现在能依靠的只有熊廷弼了。

熊经略到辽三个月之后，终于在万历四十七年（1619年）十一月初十上奏《敬陈战守大略疏》，提出了"以固守为正、以短促突击为奇"的战略。

熊廷弼批驳了"恢复说"和"进剿说"。开原、铁岭、北关失陷后，沈阳、懿路逃成空城，已经失去恢复的基础；进剿呢，显然也是痴人说梦，杜松、刘綎、李如柏、马林，萨尔浒之战中大明已经动员了最出色的兵将，调集了西军、川军、浙军（戚家军余脉），相当于集中了全国精锐但还输个精光。

进剿行不通，那就只剩固守一途。熊廷弼划分了四处防守的重点："在东南路为叆阳，南路为清河，西路为抚顺，北路为柴河三岔儿间，俱当设置重兵，为今日防守、他日进剿之备。"①

每一路设兵三万人、主帅一人、裨将十五六员，分为前后左右营，如敌人一路来，其他几路应出奇以击之；另外要在镇江（今丹东）设兵两万人、副总兵（副将）一人、裨将七八员，掩护朝鲜通路；在辽阳再设兵两万策应四路，作为外援；又于海州、三岔河设兵一万联络东西，作为后备力量；在金州、复州设兵一万，防护海运。

具体而言，是各路兵将画地而守，小的进犯就地防御，大敌进犯互相支援。在"守"的基础上，挑选精悍小部队对后金进行游击战，捕捉对方哨骑和零散小队，令对方无法安心出外耕种。等到时机成熟，一路可以进入后金地界设伏，等对方前来，且战且退，然后东南西北四路循环往复，不停通过游击战，让对手疲惫，最后厚积兵力以三路或者四路并进，由守转攻。

熊廷弼这个策略整体上分为守、困、扰、攻四个阶段，核心是守、困，守是手段，困是目的。熊廷弼知道自己没办法在短时间内恢复失地，只能通过扎紧篱笆、制造牢笼将后金军困死在辽东的崇山峻岭之中，让对方失去战争资源，从而在围困中不断削弱敌方，以达到最终的胜利。这是一种拼国力的策略，要投入海量资源。

整个战略总共需用兵18万、马9万匹。要支撑这个兵力，每

---

① 《神宗显皇帝实录》卷五八八万历四十七年十一月二十四日条。

兵每年要饷银18两，共需324万两；每兵每月吃5斗粮食，一年粮食要108万石；9万匹马需要97.2万石豆，草每束15斤，每天一束，除了4个月有青草不用供给之外，另外8个月需要2160万束。这里还不包括船只、牛马、人工运输的费用，也没包括闰年多出一个月的费用。

熊廷弼强调，这是最起码的需求，一分一毫都少不了。熊廷弼认同姚宗文的观点，称如果能在此基础上再增加两三万人，作为训练策应之用，那是再好不过了，因此粮饷也是多多益善，有备无患。

从地理上看，熊廷弼这个守备战略也是相对合理且符合实际需要的。但这个方略仍然有一定问题。对比后金与辽东的战力，前者有几万人，在每一路都有战术优势，这在萨尔浒一战中已经显露无遗，如辽东以单独一路面对全军而来的后金，是必败之局，因此仍然需要各路协同作战，互相支援。但这对不善野战的明军来说，是更高的要求，如果仅以守城而言，3万人也就将将够用。

纵然如此，熊廷弼也无法要求更多兵力了，每年300多万两粮饷已经超出了之前征收辽饷的数额，朝廷能不能凑出这笔银子还很难说。而且他没有说这笔支出要持续多长时间，一旦陷入持久战，辽东将成为大明多年的负担。

以辽东现状而言，熊廷弼的战略是一个具有可行性的方案，虽然一年就要砸进去小500万两银子，但万历别无他法，只得相信熊廷弼，批准了作战方案，叮嘱他相机战守、徐图恢复。

万历深知自己臣下的那些毛病，因此还特别加重语气叮嘱大小臣工：务必同心协力，同舟共济，前线总兵以下更须尽心尽力，不许找理由推诿怕死。他还特别提醒后方朝廷相关部门，调动兵将不得借故拖延推辞。

熊廷弼的战守之策得到批准，接下来，他仍然要解决眼下切实问题，那就是调什么兵。熊廷弼仔细分析了各地兵马的特点：辽东兵民不堪使用；关内各省的兵也不是都能用；南兵，也就是浙兵，作风滑头，所持竹枪多不堪用；真定、保定、北直隶的兵只能守城；甘肃兵、固原兵使用火器熟练；榆林兵主要是骑兵，战力不俗；宣府兵很差，不知道是哪里抓来的一帮老弱病残；川兵比较团结，尚能一战。

熊廷弼评价最高的是榆林骑兵和川兵。川将周世禄还说，跟他来的兵既有土司兵也有汉军，水平参差不齐，如果是土司带的土兵，战力是他们的10倍。于是熊廷弼连忙向朝廷请求多调一些西南土司兵前来。

熊廷弼的请求引出了明末军事中一个特殊的话题。自嘉靖以降，大明的战争机器越来越倚重来自西北、东北以及西南的少数民族士兵，如果以当时"汉夷对立"的认识而言，就是特别倚重外族兵将。

北方九边兵镇，各将领的家丁团征用了许多游牧民族的人马。征召多以个人为主，并没有整体招募某族或者某部落的兵马。这种习气至晚在嘉靖以前就有了，嘉靖时宣大总督王崇古就说："各边纳真夷人之降，以充家丁冲战之用，行之已久。"[1]

但即使是个人征召，随着时间推移，北边将领的家丁团队中，少数民族也已经占了大多数。而且在许多情况下，家丁会直接被称为"夷丁"。蓟镇总兵尤继先手下八百家丁就全是投降的

---

[1] 王崇古：《确议封贡事宜疏》，载《明经世文编》卷三一七《王鉴川文集》，第3365页。

北方少数民族，尤继先认为他守卫蓟门全指望这批家丁，收养千人可横行平乱，而其他（汉人）不足恃。日后，吴三桂蓄养的家丁队伍，就全是"夷丁"。

北方用少数民族家丁，南方则用苗兵，也就是当时被称为"西南蛮"的少数民族武装力量。苗兵运用以整体征调为主，比如奢安之乱中的水西、永宁二土司兵都曾被大明征用过。奢安之乱的诱因就是征调永宁土司奢崇明两万苗兵赴辽作战，途中酿成兵变。

到了明末，大明军队借重少数民族武力是不争的事实。毕竟拿锄头的农夫很难比得上从小弓马娴熟的职业骑兵，或者打虎、猎豹的猎人。

努尔哈赤起兵，是大明朝自土木之变后最大的边境危机，令大明举国震动。它影响了辽饷的征收，全国各地调兵，由此引发了奢安之乱等兵变。对享受了上百年安稳岁月的大明百姓而言，这是一场深入社会底层的重大事件。

作为此事件最主要的人物，熊廷弼在辽东立下了什么功绩，让后人对他的封疆之才念念不忘呢？

第五章　善守勿御，无为而治

在海西女真覆灭之后，辽东的势力范围发生了巨大的变化，北关以东、镇江以北的边墙之外，都成了建州女真的势力范围。过去北关是隔断女真、蒙古的挡板，如今这个挡板拔掉之后，女真将要直面蒙古这个强梁。是和是战，对努尔哈赤来说也是重大的问题。

万历四十七年（1619年）春夏，后金对大明取得了史无前例的巨大军事胜利，一举扫荡了大明十几万精锐。但后金并没有占领抚顺、铁岭、开原等城，只是清空了当地物资人口，便回到边墙之外。这给熊廷弼带来了喘息之机。

在传统历史叙事中，熊廷弼是辽东战争中与孙承宗、袁崇焕齐名的经略，一向被认为有能力、熟悉军务、稳定了萨尔浒之后危如累卵的局势。但真的是这样吗？

熊廷弼在辽一年并没有遭受后金方面大规模的进攻，直到他第一段经略任期的最后一段时间，后金才发动了小规模的进攻，明军勉强打了个平手。基于这个客观事实，他的军事能力要被打上大大的问号。历史有时候就是如此吊诡，到底是敌人太配合，还是自己有本事？这根本经不起仔细推敲。熊廷弼的名将形象或许只存在于文人笔下而已，但实际上并非如此。

一、外交上的针锋相对

努尔哈赤鲸吞整个女真地盘后，需要时间来消化这么一大块胜利果实。他要把掳掠来的物资、人口运回自己的地盘。而且由于失去北关的隔断，女真直接与蒙古连成一片，他还要处理与蒙古诸部的关系，这是努尔哈赤比较急切的业务。

宰赛及其儿子、女婿兵败被俘，一家子都在努尔哈赤手里，再加上宰赛与努尔哈赤素来有仇，怎么处理宰赛确实考验努尔哈赤的政治手腕。宰赛，孛儿只斤氏，达延汗苗裔，正统黄金家族出身，是蒙古内喀尔喀五部领主，所部在辽河中游一带放牧，是辽东非常有实力的一股势力。

努尔哈赤当然想杀宰赛。他历数宰赛四大罪：夺去他所聘叶赫锦泰希贝勒之女，袭击建州女真，杀女真使者，联合大明与女真为敌。但他又不能杀。在吞并叶赫部的同时，喀尔喀五部的使者就来到了努尔哈赤的大营，向他提出交涉，希望能双方盟誓互不侵犯，释放宰赛。

努尔哈赤知道自己根基未稳，如果杀了宰赛，势必将喀尔喀蒙古推向大明一边。他审时度势与对方订立盟约，杀白马黑牛，立下重誓，共同讨伐仇敌大明，然后命被俘的蒙古贝勒送来儿子为质，才将贝勒本人送回。

努尔哈赤对宰赛就没那么友好了。他陆续放了宰赛的两个儿子，但宰赛本人却被他攥在手里，好吃好喝养活着。努尔哈赤也知道蒙古人极善翻手为云覆手为雨，因此宰赛这张王牌不能那么轻易地放回。努尔哈赤的预感是对的。日后宰赛被放回，始终与努尔哈赤为敌，直到自己部族土崩瓦解也没有投降。

在大明一方，朝堂上有不少人支持"以夷攻夷"，即扶植弱小、打击强梁。这本是大明历来的策略，过去几百年在辽东屡试不爽，特别是对女真诸部，只要女真某部强大，大明就会支持其他部落与之争雄，对其打压。过去几乎没有一个部落能成长为建州这种体量，上一个统一女真诸部的是完颜阿骨打，完颜氏建立的金国，一度与中原王朝分庭抗礼。但现在形势不同了。

作为前线指挥官的熊廷弼，一开始的时候在联合蒙古一事上态度非常不积极，他认为双方积怨已深，几个蒙古酋长都不可信。林丹汗爱装大哥，不是能受制于大明的人；宰赛、煖兔狡黠无信，他们嫌之前赏银少，合作只为了加派赏银，一旦得到了，便可能反悔。因此，熊廷弼并不认为可以与之合作，自己的事还是要自己办。如果着急忙慌地拿钱与蒙古联盟，万一被人耍了，朝廷颜面何在？

但过了一段时间，得知宰赛被捉之后，熊廷弼的想法有所变化，认为宰赛的事会改变蒙古与后金的关系，两者必然互相敌对。万历四十八年（1620年），熊廷弼遣使者在辽阳西侧的长勇台安抚煖兔二十四营。煖兔是宰赛的叔叔，在宰赛被俘后，成了喀尔喀各部的首领。喀尔喀各部虽然为了宰赛获释与后金盟誓和好，但看到努尔哈赤一直不放宰赛，便心生不满，与大明一拍即合。

安抚一下喀尔喀，即使无法令其成为重要助力，也至少可以让他们不再侵扰大明地界。但要想喀尔喀帮助大明灭后金，显然是不现实的。熊廷弼认为，唯一可以与后金抗衡的是呼图克图汗——蒙古的共主、黄金家族的嫡系传人，也就是林丹汗。

熊廷弼虽然改变了态度，但仍然不敢大张旗鼓与蒙古人接近，仅是命各地方官员悄悄进村，成或不成都不能丢了面子。

与蒙古的联合事宜，主要交给阅视辽东边务的姚宗文来办。

但他出关后，主要精力都放在了纠察贪墨、催粮饷以及与朝鲜方面的沟通上，与蒙古的沟通工作非常滞后，直到万历四十八年（1620年）五月才因探寻叶赫部遗孤与蒙古诸部取得联系。

察哈尔的林丹汗派人与明取得联系，希望联合对抗后金。这本来是千载难逢的好机会，此时林丹汗仍是蒙古诸部的共主，号称"控弦四十万"。但因为多年的互相攻伐，姚宗文不敢把话说满，也许这种联盟只是林丹汗勒索赏银的手段而已。他对于与林丹汗的联盟并没有十足的信心，但还是拿出4000两银子，以赏赐给叶赫部嫁与林丹汗的女儿为名送给林丹汗，并没有积极与之商谈联合抗金之事。

姚宗文认为，两虎相争，无论谁胜了，对大明都不是好事，至于林丹汗，让他感激大明的恩典，不与后金联盟已经很不错了，联合之事需要非常慎重。大明与蒙古数百年的敌对和不信任，让林丹汗的主动请战没有成功，但双方的关系因为这次交往得到了缓和。

大明、后金在争取蒙古上的角力打了个平手，大明虽然没有成功联合蒙古，促使后金、蒙古两方交战，但蒙古诸部对后金咄咄逼人的攻势已经产生了警觉。喀尔喀蒙古诸部虽然与后金有过盟约，但经常阳奉阴违，与大明暗通里款；林丹汗有称霸草原之心，对冉冉升起的女真势力也是非常忌惮。大明与林丹汗关系缓和，为日后双方继续沟通留有余地，因此在对蒙古的沟通中，大明是略占优势的。

大明与后金另一个战场是争夺朝鲜。努尔哈赤扣押了萨尔浒被俘的上万朝鲜官兵，以及两名大将姜弘立、金景瑞。这是他手里最大的筹码。对大明的忠实藩属朝鲜，努尔哈赤的态度就友好很多。他利用朝鲜送还逃逸之人的机会跟对方套近乎，希望双方通和息兵。其后又多次与朝鲜沟通，说朝鲜有公正之心，像天地一样，而大明就没有正直之心。

朝鲜对军陷辽东一开始也是颇为慌乱的。万历四十七年（1619年）四月初，努尔哈赤给他们写了一封信，盼能通和息兵，朝鲜上下对此意见不统一。光海君李珲对大明素有不满，他的意思是有几千人被俘虏，趁此机会与后金议和，让对方放归俘虏。但属下大臣们却不赞同，反对议和，认为与大明200多年的关系，不能就这么改变。朝鲜内部就此争论了很久，对回书措辞再三斟酌，甚至连回使穿着的衣服、所行之礼都做了非常详细的安排，才于四月下旬回复后金。

朝鲜回复的口吻模棱两可：先解释出兵是因为大明的要求，大明与朝鲜像父子一般，父亲要求，子不得不从；然后既不说与后金罢兵修好，也不说敌对，而是把一切责任推给了大明，只是说如果大明与后金讲和，那朝鲜和后金就可以各守边疆，永修旧好。其后后金与朝鲜又来往多封书信，努尔哈赤希望双方盟誓讲和，但朝鲜方面虚与委蛇，一直不予正面答复。

不过朝鲜倒是弄明白了一件事：努尔哈赤在书信中落款为"后金天命皇帝"，已经建国称制了。朝鲜将此情况报告给了明朝，直到此时，大明才得知这个重要情报，而这时后金建国已3年了。

对蒙古各部以及朝鲜的不同态度，也显示出努尔哈赤的政治手腕，符合远交近攻的原则。就目前而言，蒙古是脸贴脸的邻居，努尔哈赤对蒙古的策略是先战后和，态度刚中带柔，打一巴掌再给一个甜枣。朝鲜就不一样，当下朝鲜还有一大段边境与明朝相接，另一部分也抵着努尔哈赤的后门，如果朝鲜铁了心跟大明联合，后金就会陷入两线作战的困难之中，后来毛文龙就以中朝边境岛屿为基地，扰乱后金的后院，导致努尔哈赤顾此失彼。因此后金对朝鲜以怀柔为主，态度柔中带刚，尽量避免与之为敌。

对朝鲜的怀柔，加上光海君对大明的不友好态度，让努尔哈赤与朝鲜交善的策略取得了成功，朝鲜再没有对后金发动实质性的敌对行动。直到光海君李珲政权被推翻，朝鲜明确重归大明羽翼，后金才发动丁卯之役敲打朝鲜。

而大明这边，与朝鲜的联盟也是重中之重。萨尔浒之战败绩传来，立刻有人提出要对朝鲜进行抚恤，一来巩固朝鲜的忠诚，二来给叶赫部、蒙古人做表率。万历立刻同意了这个意见。

朝鲜内部的混乱直到八月才稍稍平息，来自北京的钦差袁见龙拿着一万两银子的抚恤金来到汉阳，向朝鲜颁布了慰问诏书，称赞了朝鲜的忠诚，悼念死亡将士，并且表示希望朝鲜能够与辽东互为掎角，沿鸭绿江驻兵，相机战守。

虽然得到了抚恤和慰问，但是光海君李珲的态度仍很坚决，就是朝鲜这次损失太大，绝不能再出兵相助了。

在朝鲜这边，大明与后金双方算是打了个平手。但对于一向视朝鲜为子，且就在20多年前还倾全国之力帮助朝鲜抵抗日本入侵的大明来说，平局就已经是输了。

二、放手才是大境界

熊廷弼的军事能力，历史上有着非常高的评价，《明史》称其"有胆知兵，善左右射"，后世有人将他与袁崇焕同列为"明季良将"。对于袁崇焕，《明史》只称其"智虽疏，差有胆略"，就是胆子大而已。所以将熊、袁放在一起比较，显然熊得到的评价更胜一筹。

熊廷弼为何被称为名将？在这里有必要厘定一下"名将"的定义。历史上知名将领无非韩信、岳飞、霍去病、郭子仪之类，到了明朝可称为名将的，也就是徐达、常遇春、戚继光、李成梁等，都是身份非常明确的武人。

熊廷弼是文人，所谓文人掌军可称为名将的，无外乎曹操、诸葛亮这些人。自宋以降，为了压制武人的野心，朝廷开始令文人掌军，以经略、总督、巡抚等身份担任军队的统帅。特别到了明朝，文人掌军已成定例，大明一朝最厉害的掌军文人非于谦、王阳明莫属，后者还因督军平叛受封为伯爵。文人掌军且可称名将的，也不过寥寥数人。

但文武殊途，武人始终更加通晓营旅，善于指挥作战，文人掌军多数负责大战略的制定、军队人事组织，以及后勤保障。这类经略、总督、巡抚职位经常带有"兼理粮饷"的差遣。因此对于一个经略而言，组织好军队，保证粮饷供应，以及制定好战守的策略便是知兵。真正上战场杀敌、指挥具体战斗的事，真不该由他来做。就像许多巡抚、经略那样，战斗胜利，通常记的是"运筹"之功，也就是在军事会议上制定军事计划的活儿。

前章也提出了问题：熊廷弼到底是不是以他的军事能力稳定了辽东的局面？这里先给出答案：熊廷弼在军事上最大的本事就是什么都不做，从不瞎指挥。这在撤还是守的问题上集中体现了出来。

万历四十七年（1619年）夏秋之际，辽东兵微将寡，募兵不成，援兵接不上来。文官中的道臣韩原善、阎鸣泰与几位总兵都认为，沈阳位置孤立，且民众逃跑一空，已经失去了作为战术支撑点的价值，在那里部署军队，没有任何意义。一旦后金军进攻，清河失陷的一幕很可能重演，沈阳不但守不住，而且还会因围城打援，让援军受到更大损失。

在沈阳问题上，熊廷弼积极听取麾下将领的意见，并且就此向朝廷发出了请求撤守沈阳的奏疏。前面讲过，这里多少也有一定的威胁意味，要想马儿跑又想马儿不吃草，后方兵马粮草接济不上，如何能让前线从容布置兵力呢？

但这次皇帝否决了撤守沈阳的建议。既然朝廷不许撤，熊廷弼只能反过头来做部下的思想工作，允许各营收缩兵力，在辽阳与沈阳之间、离辽阳六七十里的地方布置营盘，只是提醒几位总兵应该商量妥当，采取机动防御措施，不能让女真长驱直入，不然会让人说闲话。熊廷弼甚至在与柴国柱的信中直言——小心朝廷上的言官。

十一月初七，熊廷弼又给贺世贤总兵发了一封信，对贺世贤表达了军事上由总兵拿主意，自己绝不乱插手的意思："兵法云：'将在军，君命有所不受。'不佞既以辽、沈交付三将军，一切应撤应留事宜听将军便宜行事，但求南顾辽、北顾沈，以期完全无恙，不佞不能中制也。"[1]

在沈阳撤守问题上的一来一去，体现了熊廷弼高明的管理艺术。一方面，撤守沈阳是下级官员将领的意思，另一方面，朝廷不许撤退，那怎么办？只能好心劝说。既要遵从朝廷不得放弃沈阳的旨意，又要满足将领们收缩兵力的意愿，还要保证在实际情况中不出差错，万一有战事得守得住。

---

[1]　熊廷弼：《答贺总兵世贤己未十一月初七日》，载《熊廷弼集》，第890页。

要满足以上所有要素，真不是一件易事，从熊廷弼的处理来看，他实际上是听取了总兵们的意见，撤守了沈阳（只留少量兵马，象征性守备）。也许这就是他所说的"将在军，君命有所不受"，毕竟那个时间节点的辽东，并没有足够的兵将来抵挡后金方面随时可能发生的入侵。严格按照远在千里之外的皇帝的臆想来指挥，是完全不切实际的。而且，沈阳也没有被放弃，在缓过一口气后，沈阳的防卫也逐步加强，后面明军还曾在此打退过后金的侵扰。

熊廷弼的这种指挥艺术，就是一种协调能力，同时满足上下的意见和需求，使之达到某种平衡点。此时运气也来到了他这一边，努尔哈赤正努力消化吞并海西女真的成果，秋冬两季都没有展开大规模军事行动，从而让辽东前线好不容易获得了喘息之机。熊廷弼利用这个空当，疯狂地要兵讨饷、打造器械、修筑城池，积极打造他那由18万兵组成的辽东防线。但这个宏大构想对于一个老旧、效率低下、经济不景气的帝国而言，是非常大的负担。

不说别的，催促各地援兵前往辽东，就是一项极其艰巨的任务。前面讲过，熊廷弼几乎一天一份奏疏催促朝廷速将兵马送来，但到了万历四十七年十一月二十六日（1619年12月31日），辽东官兵不过7万余人，出关援兵实到1.1万人。日夜催促援兵的熊廷弼终于忍无可忍，发出一篇长文，和兵部争执起来。

熊廷弼这篇大状《部调纸上有兵疏》洋洋洒洒数千字，列举了目前辽东形势：在他到任之前，也就是七月之前，辽东可用的官兵有7.4万多人。按照兵部计议调往辽东的兵马有12万人，在七月之后陆续调出，但到上疏时为止，总共出关官兵15128名，其中部分留驻广宁，到达辽阳的只有11727人。

看奏疏题目就知道，熊廷弼是存心找茬的，暗讽后方官员懒政不负责，一天到晚尽拿纸面的兵来忽悠人。这份奏疏可以说是熊廷弼经辽的转折点，将满朝负责军事粮饷的官员得罪了个干净。后有大臣说熊廷弼"以嫚骂为气魄"，就是以这封奏疏为始。这份奏疏杀伤力有多大，此处暂且不表，让我们继续看他在军事上是如何作为的。

熊廷弼这么一搅和，朝廷诸君没有办法，只能催促后续兵马加紧出关，到熊廷弼卸任之时，前线官兵从7万余人增长到13万人，马匹有7万余匹，200斤以上的火炮有数百门，百斤、七八十斤的也有数百门，其他百子炮数以千计，三眼铳、鸟铳7000余支，其他盔甲、战车、刀枪、弓箭等数以万计。有人、有粮、有武器装备，辽东军兵勉强有了守城之力。

在辽这一年多时间，熊廷弼最大的功劳就是厚积兵力、囤积粮草、打造装备，把辽东从失败的颓丧中拉了回来。但为了打造这一切，总共花费了粮饷700余万两银子，这对朝廷来说是一笔巨大的支出，也给大明财政带来了沉重的压力。

三、粮饷还是老问题

补给线又是战争的生命线，既然必须固守辽东，那么供应辽东军队吃喝拉撒、盔甲军械，修缮筑城就是守卫辽东的根基。熊廷弼除了催兵之外，催得最多的就是粮饷。

在他制定的辽东大战略中，辽东18万兵、9万匹马，一年需要饷银324万两，兵员粮食要108万石，马匹粮草需要97.2万石。

更何况，前章已提过，这个数字还并不是最终的花费，粮食、装备从关内到辽东，运输同样是要钱的。例如在万历四十八年（1620年）二月，工部为辽东前线提供大炮，搜刮武库，总算筹集了2000门炮、40万斤铁，还有牛皮等物，但送不上前线，问题就卡在驮运脚价上。这些东西的运费就要3.7万两，工部不愿掏。最后还要皇帝下旨，命经费从太仆寺马价中挪用。运费很多时候都是计划外列支，其费价之高昂却往往被许多人忽视。

高到什么程度呢？粮草大多从关内采买，比如从冀东的丰润、永平发出。从丰润到山海关只有300里路程，如果给2两8钱的运费，承运人是要亏本的；山海关至辽阳有千里之遥，每辆车两人一驴，载粮3石，往返一次需要40多天，每天光人吃驴嚼就要银1钱2分，运3石粮食到辽阳前线，要银子5两。粮食和运费比达到1∶1，甚至1∶2的程度。而且即使如此还未必有人愿意干，主要是沿途山贼、蒙古游骑都可能劫道，路途非常凶险。

过去为了避免额外的耗费，明朝通常有两种经营模式。一种是以盐引吸引盐商到边镇送粮换盐引，朝廷不管运费，后来盐引制度被破坏，这个法子就废了；改革之后，又把粮食折合为银子，发到前线边镇购买粮食，以供军需，毕竟运送银子比运粮食省事。但现在，辽东经历战乱，粮食产出锐减，粮价昂贵，已经到了1斗3钱银子的程度，大量银钱进入辽东，不仅买不到粮食，还导致当地通货膨胀。

熊廷弼经辽，发现当地银子购买力下降，军兵不愿接受银子，宁愿军饷全发粮食。对于士兵而言，粮贵愿收粮，粮贱愿收银，熊廷弼方到辽东，希望提振军兵士气，因此多给粮食。但户部因为运输费用太高，图省事愿多给银两，双方在这一点上是有矛盾的。

大明自从倭寇之乱后，采取禁海之策，登莱、天津的海运还是在辽东急需粮食的情况下重新开放的。据督饷侍郎李长庚计算，从天津海运40万石粮食往辽东，只要十几万两运费就行了，比陆运便宜许多。

熊廷弼多次向兵部建议不要再走陆运，可将粮食直接运到盖州，也就是今天营口附近，这是离辽沈最近的船运地点。熊廷弼还要求天津的粮船直发盖州，但户部一直不理他的需求，总是把船发到旅顺，而旅顺到辽沈路途同样遥远。

能节省运费，能节省时间，为什么户部就不愿意采取更经济的路线呢？这里面学问大了。走陆路有耗羡——遇到雨天粮食可能被浸泡，翻山越岭又会散落，万一遇到山贼也会产生巨大损失，总之林林总总的损耗都叫"耗羡"。走水路呢，也有漂没。当时航行技术不发达，万一遇到个风雨巨浪，船要么翻了沉了，要么漂到朝鲜、日本，都是没准儿的事，又或者船破漏水，粮食会浸泡腐烂，因此这部分损失叫"漂没"。

耗羡与漂没本应是计划内损失，但是到了各级官员那里，都成了贪污收入的来源。一旦改变了运粮路线，把他们这部分收入搞没了，不就相当于动了这一路人的饭碗吗？要不然为何熊廷弼一再为户部寻找最优化的路线，却遭受了极大的阻力呢？如果不是陆路运输实在太过昂贵，已经穷疯了的明朝实在无法再承受如此高昂的运费，陆运也不可能改为海运。

好不容易改成海运，双方又就送到哪里产生了矛盾。后方以盖州水情复杂、海中礁石密布，船老大视为险途，更愿意把粮食运送到金州、旅顺。但金州距离辽阳700里，山海关距离辽阳750里，这不就是五十步与百步的区别吗？因此熊廷弼屡次三番给督饷的李长庚去信，希望将海运粮饷送到盖州。但后方一直不配合，以至于送到的粮饷在旅顺、金州堆积如山，却因为陆路的运力瓶颈无法运抵前线。

熊廷弼多次对手下发牢骚。在写给开原道佥事韩原善的信中，他吐槽道："海运交卸定当以盖套为主，不佞屡向饷部言，不听也，可即查确通详。"[1]他又和巡抚周永春道出了后方不愿把船运到盖州的另一个原因：各级官员为了免责，只想把粮食送到辽东就行，管你是哪儿，到了辽东，剩下来的就是辽东官员的事了。

但辽东经过多场大战，地方糜烂不堪，缺人、缺车、缺牛，运力缺乏，熊廷弼希望船运可以再送一程到盖州。他只能求爷爷告奶奶，写信沟通此事，但一直没有得到积极回应。

一直到了万历四十八年（1620年）二月，忍无可忍的熊廷弼又上了《钱粮缺乏至极疏》，哭诉辽阳府库里只有数千石粮食，眼看就要断粮，又痛斥后方的臣工要么推诿，要么懒政，不肯担责，以致今日情况。熊廷弼说，自己之前已经因为催兵得罪了兵部，现在又被迫得罪户部。但在奏疏中，熊廷弼只是暗示运粮方式和目的地问题，并没有把他在私人信件里表达的内容挑明，已经算克制情绪了。

只是熊廷弼一而再再而三地催粮要饷，无论如何还是会得罪户部的。万历皇帝能有什么办法？只能在批复中，严词指责手下臣工光吃饭不干事。熊廷弼这次算是把户部以及各处转运官员得罪透了。

四、战场不见熊廷弼

熊廷弼在辽大部分时间都是风平浪静的，努尔哈赤一直按兵

<hr />

[1]　熊廷弼：《答开原道韩佥事原善己未十月十一日》，载《熊廷弼集》，第868页。

不动，虽然乱七八糟的情报让辽阳一夜三惊，但大规模的进犯，从万历四十七年（1619年）秋冬至万历四十八年（1620年）春天都没有发生。可以说，熊廷弼的运气是比较好的。

但好运气总有用完的时候。万历四十八年（1620年）春季，一冬天按兵不动的后金，在五月十八日出动千余后金军入境，攻破了秃老婆山城、花岭山城等几处小的屯民点。明军又目送后金军抢掠一气、没有任何损失地扬长而去。双方军报中，明军这边说被掳走了男女共260多人，后金方面记载掳走了300人，双方的报告基本符合。

这场小小的劫掠，只是"饭前小菜"。六月十二日，大约两万后金军分两路入寇，进入王大人屯、白官人屯等11个屯寨抢掠。后金军在距离沈阳十里的李家楼子与铁岭参将阎正明进行了主要交战，明军损失较大。但据贺世贤所报，后金军在他的夹击下也不得不退走。双方损失，按各自报告口径有差异，但可以肯定的是，后金军并没有两万人之多，如果真有两万，很难说贺世贤与柴国柱还敢出战。总之确定的是，此次后金入侵没有造成太大的损失。

因此，熊廷弼认识到此战的意义在于，至少各军没有再互相观望，而是敢于出战，并且有效阻挡了后金军的抢掠，损失并不算大，结果表面上算是打了个平手。对大明而言，这已经是一年来难得的"胜仗"了。

跑了两趟都没抢到什么，努尔哈赤自然不甘心。要知道，这一年冬天辽东大雪寒冻，冬天之后又是干旱，辽东地面庄稼绝收，再加上六七月正是青黄不接的时候，后金家里也没有余粮了，种种困境逼着后金出来抢掠。

八月二十一日，后金又来了。前两次没抢到太多东西，这次连努尔哈赤都亲自出山。努尔哈赤率领儿子、部将出战，大军压境，跟前几次不同，后金这次动了真章；明军这边也不含糊，熊廷弼亲自上阵。这是熊廷弼在辽东参与的大明与后金之间最大规模的会战，也是熊廷弼与努尔哈赤二人唯一一次直接接触。

这次战役，明军报告后金兵力有数万之多，明军动员兵力也有约3万人。双方前锋交战，明军战败，贺世贤在观察敌我双方态势后，觉得后金军势大，无法在野外固守，因此撤兵进沈阳城。

后金一路约万骑由努尔哈赤亲自指挥，他见明军撤退，就命令三贝勒莽古尔泰出击。莽古尔泰率100名巴牙喇在沈阳城南渡过浑河，追到沈阳城下。巴牙喇为八旗兵中精锐内兵，又称"白甲"，每个牛录只有两三人，作用类似明军中的家丁。千万别小看这100名白甲兵，在明末辽东战场上他们是可以决定胜负的力量。

莽古尔泰冲上去之后，后部本应同上接应，但属正蓝旗的额真额亦都却逡巡不前，没有率主力跟着渡过浑河。孤军深入的莽古尔泰正好遇到明军大队，此时副总兵朱万良、尤世功等率兵马刚好到达沈阳城下。明军依托城墙枪炮齐发，将小股后金军围住。

努尔哈赤见莽古尔泰被围攻，焦急万分，只得又派出百名白甲接应。正在此时，熊廷弼亲率副将李秉诚、赵率教带兵马赶到策应，一时间沈阳城内外明军云集。后金军没讨到什么便宜，只得在接应出莽古尔泰之后撤出战斗。

到二十三日，后金军撤离辽地，这场表面热闹，但实际上并未打得太激烈的战斗就这样结束了。双方最少投入了几万人，明军只报斩了两颗首级，损失也不算大。柯汝栋报阵亡千总、把总、家丁109人，伤126人，失马442匹；靖夷营阵亡官兵43人，伤63人，失马135匹；尤世功报阵亡家丁2人，伤3人。

柯汝栋、孙庆的两路前锋2800人与努尔哈赤的主力部队接战，伤亡300多人。这支前锋部队中应该都是家丁骑兵，属于辽东军中最精锐的力量，却打成这样。这说明即使经过一年的经营，明军仍然没有在野战中抗衡后金的实力。

但是，和过去互相推诿、彼此观望、一触即溃比较，此时的明军精锐部队至少敢战、能战，从战报与损失看，前锋两路遭受了不小的损失，但整体并没有崩溃，这是辽东军一大进步。

双方在沈阳城下的战斗，后金也没占到大便宜，甚至吃了小亏。经过一年的经营，沈阳、辽阳这些城池已经构筑得固若金汤，明军依托工事，枪炮迭发，还是可以进行有效抵抗的。

后金军并没有存心想攻下沈阳，因此在兵力调拨上并不充分，攻到沈阳城下的只有万人上下。在战术安排上，后金既没有围点也没有打援，任由明军援军到达城下，显然并没有做好与明军会战的准备。

回家之后，努尔哈赤非常恼怒，怒斥额亦都不思护主，差点要把额亦都斩首。这场战事前后一系列情况说明，后金军在沈阳城下是吃了亏的，否则努尔哈赤也没必要如此动怒。

这场战役，在外人看起来真有点奇怪。双方总共投入七八万人，但前后3天下来，明军只斩得两颗人头，自己损失也不算大，只三五百人而已。难怪后面有臣工质疑：双方投入那么多人打了一场，怎么会像前线报告的那样，双方损失都那么少呢？难不成又是虚报战果？这也成了日后众人弹劾熊廷弼的理由之一，他们认为熊廷弼争功诿过，隐匿失败。

可惜，当时朝廷无法看到后金方面的报告，对战争另一方的情形无从知晓。其实，这一战努尔哈赤并没有下决心攻取沈阳，只在懿路、蒲河等空城以及四乡劫掠粮食人口。辽东军前锋与后金军的交战以失败告终，也不清楚对方的伤亡情况。

沈阳城下一场"大战"，双方都没想要决一生死。努尔哈赤想尝试一下看能不能浑水摸鱼冲击沈阳城门，成功了能一举击溃辽东主力，在沈阳大抢一把，不成也无所谓，本来就没有以此为战略目标，所以后金军浅尝辄止，双方几万人的交战就这么虎头蛇尾地结束了。努尔哈赤抢到了粮食和人口，熊廷弼面对如此大规模的入侵，最后以相对少的损失逼退了后金，保住了几座大城，双方又算是打了个平手。

这是熊廷弼在第一次辽东经略任上指挥的最大一场战役，虽然没有出大乱子，但足见双方士气、战斗力的差距之大了。莽古尔泰只率百名白甲孤军冲阵，从努尔哈赤后来恼怒的状态可推知，莽古尔泰当时可不是在"逛花园"，他们的确是深陷重围，但城下上万明军居然都没有将其歼灭，实在难以想象。

这在外人看来实在是匪夷所思的战斗，只能得出一个结论：占有绝对优势的明军对莽古尔泰孤军最多是打打铳炮、放放箭，根本没有采取任何积极的作战行动，连白刃战都没有发生。如此士气与战斗力，辽事如何可为？

其实，熊廷弼对手下兵将的战斗力也心知肚明。战前各将领摩拳擦掌，颇有点封狼居胥的豪气，但一天战斗下来，各将官便萎靡不振。沈阳城内外将近3万人，可战者不过六七千人，真正可以倚仗的不过贺世贤手下两三千家丁而已，而这些家丁又多为蒙古、女真的降丁。辽东最精锐的兵马尚且如此，何况其他？日后熊廷弼一味主守，也是因为经历了这些阵仗后，他已经非常了解部下的战斗力。

辽东就这么个样子，经过一年苦心经营，辽东军勉强有了与对手一战之力，但也只是勉强而已。熊廷弼也知道这样的事实。他实际上只是一个辽东防务的组织者，并非亲身指挥战斗的将领。他能做的只是将各路人马、粮草调集起来，给部下抗衡敌军的本钱，这不是一件比上阵杀敌更容易的事。

后金兵可以杀人，文官的笔也可以。相比起管理部下官兵，熊廷弼与文官们的争斗同样步步惊心。

五、得罪人的大嘴

《明史》中对熊廷弼的评价有一句："然性刚负气，好谩骂，不为人下，物情以故不甚附。"[1]这一句大概来自户科给事中王继曾在廷对会议上对熊廷弼的批评——"廷弼挂众议者三：以嫚骂为气魄，将帅不为用，不能成功一"[2]。熊廷弼自名"性气先生"，说明熊廷弼也知道自己的脾气。后人大都认为坏脾气是他的致命缺陷。

熊廷弼的脾气问题不仅在于敢说——所有科道官员都敢说，他最大的问题在于嘴还非常刻薄。

在辽东巡按任上，熊廷弼七驳兵科。看看他是怎么驳斥的——

科臣说辽东之患，最大问题是努尔哈赤，宰赛次之，拱兔部不过癣疥之疾，"爬搔立愈"，挠挠就好了。熊廷弼反唇相讥：我看拱兔部精兵不过五六千骑，而全辽可战的部队不满八千，打

---

① 　《明史》卷二五九《熊廷弼传》，第6693页。
② 　计六奇：《明季北略》卷一，中华书局1984年版，第24页。

他们岂不是比挠痒痒还容易吗？吵架时最容易激恼人的，就是用反问句。对方答不出来，心里堵得慌，即使回答上了，也必然会激化矛盾。

不巧的是，熊廷弼特别善于用反问句。他接着呛声：难道你不知道蒙古人还有歹青、獐兔等数十个酋长，而且他们都各有成千上万的部众？难道你不知道，他们的老大林丹汗，兄弟有十几个，每人也都有上万部众？

这话就像一个老师带着轻蔑的态度教训小学生，试想谁能受得了？这就进一步激化了熊廷弼与科道官的矛盾，双方交章往来，熊廷弼驳疏达到7篇。

在巡按任上的打嘴架，不过是熊廷弼职业生涯里的“小试牛刀”而已。等来到第一次经略任上，熊廷弼更是抖擞精神，召之即来，来之能战，这个“战”指的当然是笔战。

为罢免李如桢，他与兵部尚书黄嘉善起了争执。李如桢是黄尚书点的将，熊廷弼一万个不愿意，数落了李如桢“十不堪”，认为朝中早有意见不用李如桢，但黄嘉善不听，这应该是枢臣（兵部尚书）的过错。本来有事说事就好，但熊廷弼偏不，还非要威胁黄嘉善一番，称如果兵部不迅速把李怀信调来，到时候辽沈都失陷了，那他就跑到朝廷上伏阙请罪，到时候请黄嘉善来辽东当经略收拾残局。

索要钱粮的时候，熊廷弼又与户部起争执。他责备户部官吏事事怠慢，使得他没有办法才亲力亲为，一一督促。但没想到户部回复的口吻依然十分强硬，于是熊廷弼继续斥责户部，其口吻就像上官使唤手下，称这些官员只想把所有责任一推了之。

他还与持有“以夷攻夷”看法的官员起争执。在熊廷弼看来，这些官员的想法很简单，就是希望以蒙古制女真，一招即解辽东之祸，但真实目的仍然是不想担起筹款调兵的责任。

事情发展下来，熊廷弼终于和兵部尚书黄嘉善撕破了脸，《部调纸上有兵疏》就是双方矛盾激化的集中爆发。他向皇帝打起了小报告，其内容堪称骂人不带脏字的经典：辽东是皇帝的封疆，北京是皇帝的寝宫，那些大臣不在辽东，对封疆得失没责任，所以他们完全可以一走了之。

熊廷弼直截了当地指出这些官员对事情不负责任的心态。战争打输了，反正倒霉的只是前线经略，再糟糕一些就是打到北京城下，对大明来说也不是第一回了，睡不着觉的反正是皇帝。

这些诛心之语与过往不同，这次是指名道姓指责相关官员：

> 兵部尚书黄嘉善、户部尚书李汝华，身担兵饷重担，皆图全躯保妻子，莫有肯为皇上拼死力争上紧干办者，何况各省镇督抚诸臣。[1]

熊廷弼最后说：如果这样日日拖延下去，那辽东迟早要完，辽东完了，北京还远吗？到时候这些人一哄而散，只剩下皇上扛此大祸。到时候再杀一批如丁汝夔、王仔、王汝孝之类的臣子也于事无补。

熊廷弼这一番肺腑之骂，就是提早几十年的残酷预言。后来袁崇焕因为后金杀到北京城下而被杀，而后，杀了袁崇焕的皇帝最终成了亡国之君，终究无法守住宗庙。只是此时，所有人都觉得熊廷弼是在血口喷人、危言耸听，为自己在辽东的无能找托词。

---

[1]　熊廷弼：《部调纸上有兵疏》，载《熊廷弼集》，第388页。

这一份奏疏指名道姓，把所有负责为辽东提供支持的朝廷官员都得罪了。中国官场历来讲究个体面，虽谈不上任何情况下都官官相护，但最少说话要有分寸，不能轻易发诛心之言，置人于死地。

这篇奏疏成为熊廷弼经辽的转折点，如果说之前他还能与臣工好说歹说、低三下四，但从此时开始，熊廷弼已经不顾体面了：反正我坐困愁城，朝不保夕，我死了，你们一个也逃不了——熊廷弼大概就是这么个心态吧。

为什么熊廷弼如此尖酸刻薄，说话毫不客气？知道他成长经历的，大概也能明白一些原委。熊廷弼年幼时，家中贫困，当遭遇灾荒时，全家差点饿死，当他向一些亲友士绅求接济时，几乎没人伸出援手。这些经历深深刺激了熊廷弼，一度让他志气消沉，性格乖张，这也算是他的"童年阴影"。

除了性格使然，熊廷弼的态度形成还有其他原因。辽东风雨飘摇之际，熊廷弼觉得无论文臣武将，都不实心用事，无不推责懈怠。他被战争的压力，手下将官的不中用，催促粮饷、兵马的焦虑，折磨得身心疲惫。

刚入辽时，他要面对没有斗志的将领、随时一哄而散的军民，而且各种情报纷至沓来，都说后金在取得北关后，会来攻辽沈，而其时明军根本不堪一击。熊廷弼相当于提着脑袋守辽。

熊廷弼曾与友人抱怨，手下人做事不得力。他直言各道参议、赞画都消极怠工，即使耳提面命，告知该如何去做，做出来的效果仍然不理想，简直是浪费精力。熊廷弼只能事事过问、事事亲为，累得半死。他抱怨道："岂天要生此一种人才来坏世界，不然，何文武乏人一至此？"①看他说这种话，可想而知内心绝望到什么地步。

因此，要改变这种近乎绝望的形势，没有点雷霆手段、铁石心肠是不行的。熊廷弼曾有一段话："凡事要预先拿定主意，硬定脚跟，壮定胆气。主意定便不惑错，脚跟定便不忙乱，胆气定便不怯惧。"②

这段话某种程度上可以看作支撑熊廷弼经辽的精神力量，他给属下打气，也是在为自己打气：认定了对的就要坚持去做，无论如何也不能动摇。

熊廷弼身在前线，要对几万人的生死存亡负责，在这种压力之下，他只能发了疯似的催人催粮，甚至有时候把牢骚发到皇帝那里。更何况他要直接面对的，都是在他看来尸位素餐、事事推脱的满朝文武，如果没有一点倔强的性格和脾气，恐怕终要搭上身家性命。

至于熊廷弼为何如此骂人，可能还有其他原因。夏允彝讲了另一个典故：熊廷弼与朱本洽、钱士晋相交，二人夸熊廷弼定能平辽，熊廷弼却抓住二人的手说了一句心里话，解释自己这么骂人，不过是想激怒满朝文武，以图被驱逐回家罢了。此为孤证，且当熊廷弼的另一个侧面参考一下。

熊廷弼在辽后期，身体状况急剧恶化，没胃口吃饭，睡不好，积劳、积忧、积郁而不时动怒。由此种种状况来看，熊廷弼很可能患上了躁郁症。

所幸的是，万历皇帝对这位呕心沥血的大臣百般容忍、万

---

① 熊廷弼：《答韩晶宇中丞己未十月初六日》，载《熊廷弼集》，第867页。
② 熊廷弼：《与三镇守议事庚申三月二十六日》，载《熊廷弼集》，第972页。

般支持，对他所要兵将、粮饷，无不一一满足，数度下旨命令文武官员务必全力支持前线。万历做到了疑人不用，用人不疑。有万历的支持，下面的臣工才不敢造次，一旦这样一个皇帝不在的话，情况就会大大不同。

万历四十八年（1620年）七月二十一，万历皇帝快不行了。

六、皇帝崩，弹劾起

万历皇帝在任期前半段一向被视为明君，主要原因是他有10年是处在太后与张居正的羽翼之下而没有自由意志的，只能听从文官集团（主要是张居正）的所有政策。什么都不管，垂拱而治的皇帝是古代儒家士大夫心中的明君。

按理说，终万历一朝，他基本上都处在什么都不管的状态，这也是文官集团公认的事实——几十年不上朝就是文官集团砸在他头上的罪过之一。但为什么前10年撒手不管就是好皇帝，后来万历懒政不管就不是个好皇帝呢？显然，是不是好皇帝，要综合历史、社会、政治各方面因素来看，即使做了相同的事，也会有不同的评价。

万历四十八年（1620年）夏天，58岁的万历皇帝朱翊钧走到了生命的尽头。对于他而言，这也许是最合适的时候。他的正宫王皇后在四月舍他而去；辽东事发，这一年来算是稳住了局面，至少在这个时候离开，他在祖宗那里还不至于无法交代。只是他的儿孙们就没那么好的运气了。

万历的驾崩对熊廷弼来说绝对是非常大的打击，因为他最大的保护人、支持者没了。对于熊廷弼在辽东的工作，无论是要兵要粮，还是弹劾官员，万历无不全力支持；当熊廷弼受到同僚攻许的时候，还是万历为他挡风遮雨。在奏疏回复中，可以看出万历对熊廷弼的殷切希望："辽事败坏，皆地方官玩愒所致。熊廷弼一意振刷，恢复封疆，朕深切倚赖。"[1]熊廷弼在辽东能做的所有事情，万历有一半的功劳，只是现在这尊大神没了。

七月二十一日，上疾大渐。万历皇帝进入弥留之际。

万历于弘德殿召见英国公张惟贤、大学士方从哲、吏部尚书周嘉谟、户部尚书李汝华、兵部尚书黄嘉善、署刑部事总督仓场尚书张问达、署工部事协理戎政尚书黄克缵、礼部右侍郎孙如游等，交代后事。朝中重臣基本上都来了。他们来就是代表各方主要势力见证万历把大位传给太子，并且商量一下遗诏该怎么写。这8位重臣就是人们所熟悉的顾命大臣。

当天晚上，万历驾崩。两日后，遗诏发布。遗诏通常都是皇帝总结自己任期得失，并且对国家未来的运行发布指导性方针的遗书。万历在遗书中对自己的职业生涯做了简单总结，对于世人批评他懒政怠政，万历解释说主要是自己体弱多病，常年无法上朝。事实上他说得也没错，不上朝也算情有可原。

遗诏中最重要的一项就是取消征收了20年的矿税，但这到底是不是皇帝自己的意思就很难说了。一个皇帝可能把自己的所作所为批得一无是处吗？反正万历死了，历史的书写权落在文官手里，毕竟草诏的是方从哲等人。无论如何，矿税是停了下来。而且遗诏中说了，辽东缺饷，要多发内帑以助军需。撤矿税、发内帑，万历一辈子积攒起来的财库，终于要向朝廷大臣们敞开大门了。

一天之后，朝廷迫不及待地从内帑中发出100万两白银，供

---

① 熊廷弼：《严急招尤疏》，载《熊廷弼集》，第411页。

户部充辽饷之用，而且这次相当周到，特别拨出5000两银子作为运费。

内帑成为解决经济危机的关键。内库确切有多少钱没人知道，按照黄仁宇的估计，万历驾崩时内帑有约700万两银子。根据叶向高离任时的奏对，黄仁宇的估计比较靠谱。叶向高在天启四年（1624年）离职的时候，总结自己在首辅位置3年，请过内帑六七百万两。叶向高在天启元年（1621年）十月入阁，此前万历驾崩时已经动用了100万两内帑，这样加起来算，截至天启四年（1624年）七月，内帑已经动用了约800万两。其后天启花钱就没那么大方了，增增补补一直到崇祯初年才算用完，前前后后估计总共用去的内帑在1000万两左右。这笔银子用完了，大明也快完了。

皇帝驾崩，首要的事情就是稳定朝局，这就包括给官兵发饷，给贬官复职，给现任重臣发奖金。朝廷以新皇登基的名义，嘉奖了辽东一众官员，赐给熊廷弼和蓟辽总督文球银100两、纻丝4表里，巡抚周永春银60两、纻丝2表里，巡按陈王庭银40两、纻丝1表里。

只是此时的熊廷弼已经萌生去意，一而再再而三地上疏告病，想要辞官。从五月开始，熊廷弼就频繁流鼻血，还发展成吐血。实际上在万历驾崩之前，熊廷弼已经打过两份辞职报告，第一份在七月初五，万历仍温言挽留，却不知道，半个月后，君臣二人已是阴阳两隔。

更没料到的是，万历的丧事还没办完，刚登基不久的朱常洛便病重不治。这引发了明末三案之一的红丸案，以及其后发生的移宫案，朝局又发生了惊人的变化。

就在朱常洛弥留之际，巡阅边务太常寺少卿姚宗文一纸劾章，把"同党"的熊廷弼参到了御前。姚宗文劾他在五月山城被破，以及在六月十二日王大人屯、白官人屯之战这两战中，前后说法不一，掩过邀功。姚宗文对熊廷弼穷追猛打，数落他工作不力，不练兵马，不部署将领，不收拢人心，听不进别人的意见，独断专行。

姚宗文作为辽东监军，此时反戈一击，对熊廷弼的打击很大。说起来，姚宗文还是熊廷弼的同党。此君出身浙党，是反东林派中一员健将，作为科道言官，曾多次与同党一起攻击过东林诸臣。推荐他的吏部尚书赵焕，素有清名，但也属于东林的对立面，曾在汤宾尹霸妇案中，将攻击汤宾尹、熊廷弼的御史王时熙、魏云中等外放，相当于为汤、熊二人出气。可以肯定的是，熊、赵、姚三人曾属统一阵营。

说起二人的关系，后人多有猜测，如彭孙贻在《山中闻见录》中提到，"姚宗文奉命视辽，廷弼无加礼"[1]。《明史·熊廷弼传》则说出另一个版本。姚宗文在户科给事中任上丁忧回籍，期满还朝后，想补官但一直不能如愿。等到辽东兵事起，姚宗文就上书言辽事，自荐去招揽蒙古诸部，但没有得到回复。实在没办法了，姚宗文只得给熊廷弼写信，希望后者能代为请求。《明史》说熊廷弼没有应承，于是两人便结下了梁子。

以上说法都有偏颇，并非实情。两人的交恶原因，有公有私，大致情形是这样的：

于私，熊廷弼对姚宗文的确有怠慢之处，关键时刻并没有拉他一把。这事说来话长。姚宗文中进士后，授户科给事中，但万

---

[1]　彭孙贻：《山中闻见录》，载《先清史料》，吉林文史出版社1990年版，第17页。

历对他印象不佳，姚宗文在给事中任上10年，所上奏疏大都留中不发。姚宗文丁忧回朝之后，皇帝一直不下旨允其复官，这逼得他想去辽东博一把功名。万历四十七年（1619年）七月，朝中大佬方从哲、赵焕等先后举荐姚宗文，但两次所请都没得应允。

熊廷弼是辽东一把手，如果他说一句话，对姚宗文复职是有帮助的，但处在生死前线的熊廷弼此时也公事公办，没有出言相助。日后在与姚宗文争执的信件中，熊廷弼承认当时因为万历下旨，恐辽东民少官多，所以才没帮着说话。

此外，姚宗文赴辽，先在山海关停留。熊廷弼认为，来都来了，不如赶紧出关吧。于是他无论是给朝廷上疏，还是给二人的共同好友吴亮嗣写信，还是亲自给姚宗文写信，都敦促姚宗文尽快到身边协助工作。

三催四请之下，姚宗文好不容易出关，却主要驻在广宁，熊廷弼与其鸿雁往来。但在书信上，双方还是产生了某些误会。刚到辽东时，姚宗文有一些信，内容大多是去寻找叶赫部遗孤的事，熊廷弼因为太忙没有回，姚宗文感到被怠慢了，就对他人抱怨熊廷弼自视过高、刚愎自用。

熊廷弼对姚宗文停在广宁颇为不满，战事重点摆明了都在辽沈，姚宗文应该驻在辽东。熊廷弼一再催他过辽东，但姚宗文却只在广宁逍遥。熊廷弼说姚宗文只知道赋诗饮酒，根本不是来校阅辽东兵马的，否则为何只停在广宁？这些事情让双方都互相看不上眼，从而结下了梁子。

在公事上两人分歧也不小，主要矛盾来自"以辽守辽"的方略。前面说过熊廷弼非常反对这一方略，但姚宗文却是支持的，认为辽阳城中乡兵数万，士气可以一用，能为国干城。

姚宗文的想法也未必是自己的，这里还要说到刘国缙。刘国缙为辽东复州卫人。辽事兴起，朝廷考虑"以辽守辽"，就以刘国缙任兵部主事赞画军事，令其在辽东招募辽兵。而姚宗文是刘国缙的学生，因此他的观点极有可能受到了老师的影响。后来刘国缙招募的新兵在清河一哄而散，熊廷弼还以此上告朝廷，为"以辽守辽"判了死刑。这便导致了他与刘国缙、姚宗文师生的对立。

熊廷弼真的看不上刘国缙吗？也未必。日后他第二次经辽时，还上书举荐刘国缙在辽东任职，这说明他还是认可刘国缙的办事能力的，两人仅仅是在大战略上有分歧，并不影响具体事务的合作。

这些公私情事，让熊、姚二人心生嫌隙，导致双方最后的摊牌。而姚宗文也明知万历心中对熊廷弼颇为信任，因此等到万历驾崩后，才骤然起事。姚宗文的奏疏一上，就如摔杯为号，朝堂内外对熊廷弼积聚的不满，瞬间爆发。

七、熊廷弼被劾去

熊廷弼的厉害在于，得到了万历皇帝百分百的信任与支持，从而获得了掌控辽东几百万钱粮、十几万兵马和上百万人民的大权。但他笃信治乱世用重典，眼睛里不揉沙子，对下属、同僚非常严厉。在经略辽东的短短一年间，熊廷弼得罪了包括兵部、户部、工部在内大明最重要的几个部门，甚至与原本"同党"的大臣发生了矛盾。

史书中，大多认为熊廷弼倒于党争的观点是不严谨的，毕竟明末什么事都能牵扯到党争，熊廷弼所处的年代，正好属于党争已趋高潮的时候。

但事实上，以万历皇帝驾崩为分水岭，此前熊廷弼还会时不时卷进朋党旋涡，此后熊廷弼的命运就并非党争决定的了。在浙党的姚宗文挑头攻击后，河南道御史顾慥又打了第二发炮弹。

顾慥属于亲近东林的中正之士。到了万历四十八年（1620年）那个朝局动荡的夏天，之前一直不太得志的顾慥终于有了发达的机会。在朱常洛病重交代后事的时候，顾慥成为能够在乾清宫接受顾命的大臣。朱常洛驾崩仅仅过去12天，可谓尸骨未寒，顾慥就上疏弹劾熊廷弼。讳败、邀功、劳师、耗财、傲气、告病，顾慥的奏疏基本集中了朝廷里对熊廷弼的指摘。

内阁的回旨表面上不太过分，但也指出熊廷弼推诿误事。此时执掌朝政的内阁，由方从哲、刘一燝、韩爌三人组成。其中方从哲曾独执内阁7年，誉谤满身，显然是要被打倒的人物。刘一燝、韩爌都是东林党，又都是帝师，是能够影响下一代皇帝的人。

接下来轮到广东道御史冯三元出马。他的劾疏也很犀利，指控熊廷弼"无谋者八，欺君者三"[1]，如开原、铁岭陷落，辽阳火药库失火爆炸，叶赫覆灭，不知进取只知修城挖壕，不用辽人守辽等为无谋。

冯三元还指责熊廷弼经常就辽东领土、增兵问题威胁皇帝。如果说前两人都还算含蓄地数落一下，那这份奏疏就是明摆的弹劾。此疏一上，皇帝就不能再等闲视之了，下旨召开九卿科道会议，商讨熊廷弼的过失。

此旨一出，像捅了马蜂窝一般，御史张修德、刑科给事中魏应嘉、兵科给事中杨涟、户科给事中王继曾等纷纷落井下石。

---

[1] 《熹宗哲皇帝实录》卷一泰昌元年九月十三日条。

张修德暗示熊廷弼贪污，认为如果让他告病还乡，就是便宜他了。因此，张修德表示不应准许熊廷弼托病求去，而应将他贬窜而去。

最后上场的是杨涟，这尊大神言辞不算激烈，但成了压垮熊廷弼的最后一根稻草。杨涟认为，熊廷弼屡受参劾，已经无心恋战，不能御敌，应该缴还尚方宝剑，停职待罪。

《明史》说杨涟上的奏疏是持平之论，但仔细分析可知，疏中尽是诛心之说。对熊廷弼的功罪，杨涟看似好话坏话都说：功劳只是苦苦支撑，再加上这一年侥幸平安而已，问题在于确实没有万全之策。一句貌似功罪都有的话，却轻描淡写地把熊廷弼推到坑里了。

最可气的是，杨涟以其人之道还施彼身，将一段不阴不阳的软刀子插在熊廷弼气门上："刚烈男子一刀两断，端不宜效近来顽钝行径，既不认做，又不肯去，使麻木不仁之症受之国家。"①你一个号称勇于任事、勇于担当的男子汉，怎么能婆婆妈妈，该去不去呢？

杨涟给熊廷弼的出路是，要多听听别人的意见，群策群力，不可以一意孤行。就连皇帝都说一切机宜不可遥制，全凭经略相机行事，现在又要求熊廷弼听朝中的意见？这摆明了处处掣肘，何谈持平呢？

其他人还就罢了，杨涟是什么人？虽然只不过是个正处级干部（正七品左给事中），但他是顾命大臣啊，说一句顶别人百句。

---

① 杨涟：《言边事疏三》，载《杨忠烈公文集》卷一，道光十三年刻本，第17页。

这些大臣的出身千差万别：姚宗文是浙党干将；杨涟、冯三元、魏应嘉、张修德，即使不是东林，也是亲近东林的中正之士；王继曾立场比较中立，素以无党著称。熊廷弼真能得罪人，这一轮参劾，可以说左中右大联合，他居然遭到所有派系的抛弃。说熊廷弼倒于党争，无论如何都说不过去。

九月十九日，陕西巡抚李起元奏，兰州黄河澄清，上下数十里一望无际。老话说，黄河清圣人出，只是这次没有等来圣人。第二天廷议辽东局势，会议上并没有太多异议，大臣一致决议罢免熊廷弼，令熊廷弼等待勘劾，并选袁应泰为新任辽东经略。

最后还剩一个问题需要讨论：派谁往辽东查勘。熊廷弼一门心思求去，也就不怕和朝廷里的大臣们撕破脸。交章驳斥之后，熊廷弼要起小孩子脾气：既然你们巧舌如簧，对我百般诟病，就让那些参劾的科道官员魏应嘉、冯三元、张修德赶紧来辽东查勘。

本来内阁的旨意是命魏应嘉前往辽镇行勘。以对头来查勘，本来就很荒唐，连杨涟也看不下去，极力阻拦。内阁里非常欣赏熊廷弼的刘一燝，也在这时出来为他说话：行查勘的人必须是置身事外的人才能公平。内阁只得收回成命。最终各方达成协议，命兵科给事中朱童蒙前往辽东会勘熊廷弼功罪。

10年前才中得进士，历任中书舍人、兵科给事中的朱童蒙，此番赴辽东，是救了熊廷弼，还是让他陷入更大的危机？

泰昌元年（1620年）十月十七日，熊廷弼与袁应泰交接工作，正式卸下了第一任辽东经略的担子，这离他去年八月初二与杨镐交接工作，过了一年又两个半月。这一年多时间里，熊廷弼冒着生命危险驻扎辽阳，收拾残局，筑城兴兵，可谓呕心沥血，夙夜为公。那么这一年，他功罪如何，历史给他怎样的评价呢？

先来看朱童蒙这位奉旨查勘的钦差大臣。朱童蒙十一月出关，一去就是4个月，到了第二年，也就是天启元年（1621年）闰二月，他向朝廷提交了查勘报告。朱童蒙先讲问题，称在熊廷弼任职后期，几场奴贼入犯破城堡23处，不能说他没罪；但在辽阳、沈阳引水筑城，修补各处破坏之城墙，使之变得固若金汤，不能说他没功劳。但熊廷弼督责太严，导致流言满天飞，言官们有风闻言事的职责，所以才说他的坏话，加之熊廷弼脾气太差，针锋相对，导致局面更加恶化。

这样一份报告，看似成绩与问题一起说，但仔细一品，这分明是在为熊廷弼解脱：问题是次要的，成绩是主要的，至于熊廷弼本人最大的问题，就是工作作风不太好。不仅如此，朱童蒙还给予熊廷弼极高的评价："臣入辽阳，民士庶垂泣而思，遮道而代之鸣，谓数万生灵皆廷弼一城之所留。"[1]他最大的罪过啊，就是动辄告病，有负皇上的信任与支持。归根结底就是闹情绪。

但是，朱童蒙报告的真实性非常值得怀疑。熊廷弼素来不信、不用辽人，严苛御下，辽东募兵逃亡极多，而且全国各地十几万大军援辽，客兵犹如蝗虫过境，内地所过之处无不受其滋扰。在对熊廷弼的参劾中就包括纵容客兵蹂躏地方的罪名。这样一位经略，能有多少军民站在道路两旁为他说好话？如此情形着实很不真实。

即使一些细节禁不起仔细推敲，但无论如何，朱童蒙为熊廷弼好话说尽。这样一份表面持平、实际上保熊的报告到了紫禁城里，效果可想而知。

---

① 王在晋：《三朝辽事实录》卷三，载《先清史料》，第82页。

内阁代表皇帝为熊廷弼平反：

> 辽事会勘已明。熊廷弼力保危城，功不可泯，因言求去，奉旨回籍，情有可原。今中外多事，朝廷用人方急，仍议及时起用，以为劳臣任事者劝。[①]

朝廷的结论非常清楚：如今正是用人之际，熊廷弼有功，应该及时起用。

这份票拟出自刘一燝之手。被阉党挤对的刘一燝，不说是东林党骨干，但绝对称得上"中正之士"。作为天启初中正盈朝的骨干人物，他也支持重新起用熊廷弼，更加证明了熊廷弼被劾去第一任辽东经略的起因并非党争。

就这样，一场闹了几个月的罢免熊廷弼运动，至此落幕。熊廷弼的第一个经略任期被迫画下句号。

事情至此，还留余韵。就在给熊廷弼下了结论几天之后，兵科给事中、东林健将萧基上书弹劾姚宗文，把熊廷弼去职的责任全扣到了姚宗文的头上。熊廷弼倒台，引出一个很诡异的循环，浙党干将挑头，东林党加入围攻，结果，始作俑者姚宗文又被东林党攻击而倒台。

也许熊廷弼更应该感谢姚宗文。就在他被劾去半年后，辽东再逢巨变，辽沈一场大战让明朝的辽东防线再一次崩溃了。

---

① 《熹宗哲皇帝实录》卷七天启元年闰二月二十六日条。

第六章 奇正之变，经抚不和

天启元年（1621年）三月十三日，后金军倾巢而出，进攻辽沈。贺世贤凭勇武出城迎战，结果被后金诈降入城的降军抄了后路，后者关闭城门，斩断吊桥，令贺世贤无法回城，与部下官兵全军覆没于沈阳西门外。另一守将尤世功救之不及也同时殉国。

辽阳闻沈阳被攻，派出总兵陈策、副总兵秦邦屏率领川兵、浙兵万余人增援。两部在浑河与后金军血战一场，在给予对手沉重打击后，全军覆没。

川浙两军是熊廷弼在任时最为倚重的力量，浑河一战也是努尔哈赤攻略辽东以来少有的苦战。《满文老档》里记录的这些来自南方的步兵令人印象深刻："明之步兵因皆系精锐兵，骁勇善战，战之不退。"①

此战对于后金而言，损失惨重。满洲档案承认有一名参将、两名游击被川军俘虏，努尔哈赤又特别为雅巴海、布哈等九员阵亡将领祭奠，这说明此战对于后金而言也是惨胜。朝鲜作为第三方，对此战的报告也称"虏中言守城之善，无如清河；野战之壮，无如黑山"②。

川浙两军覆没后，辽阳失去了依靠，随后被后金攻破，经略

---

① 中国第一历史档案馆整理编译：《内阁藏本满文老档·太祖朝》（汉文译文）第十九册，辽宁民族出版社2009年版，第63页。

② 《光海君日记》辛酉十三年（1621年）九月庚子条，载《朝鲜李朝实录中的中国史料》上编卷五一，中华书局1980年版，第3146页。

袁应泰、巡按张铨、监军崔儒秀等先后殉国。熊廷弼的朋友、监军胡嘉栋则突围而出，从海上逃往登州。数十万军民从辽东奔逃往辽西，以三岔河为界的辽东彻底沦为后金地盘。熊廷弼在辽东经营一年多，花费几百万两白银，全国调兵十几万构筑的辽沈防御体系，就此毁于一旦。

国破思良将。就连刘一燝也说，如果熊廷弼还在的话，不至于落得这副田地。假如熊廷弼还在任，他能抵抗后金的这场入侵吗？未必。

袁应泰的辽沈战役是关系到辽东前途命运的战略决战，双方都押上了全部身家。而熊廷弼指挥的沈阳保卫战不过是扫荡和反扫荡级别的战斗而已。

如果非要给两战结果不同一个理由，只能说沈阳保卫战中，努尔哈赤并没以占领辽沈为目的，而到了辽沈战役时，努尔哈赤是做好了充分准备，下了决心要攻城略地了。所以可以得出结论：即使熊廷弼代替袁应泰，也未必能扭转败局。

历史无法假设，事实就是，熊廷弼被弹劾回籍半年之后，辽河以东全部失陷，大明的辽东防线再度出现危机。朝廷必须想办法解决这个巨大的麻烦。怎么办？他们能想到的，也只有熊廷弼了。

如果说萨尔浒之战犹如一颗惊雷炸醒了装睡的大明，那到了天启元年（1621年）三月，辽沈失陷，袁应泰等一众文武与十几万大军再度全军覆没，大明已经犹如死水微澜，展现出的是一种无奈的沉寂。朝廷内外，疲了，也累了。

辽东一众文官武将几乎都死光了，什么问责、论罪的声音都没了。攻也攻过，守也守过，精兵强将都去了，还是败局，过去那些平复辽东的奇思妙想也没有了。

萨尔浒之战还能用轻敌、冒进给失败粉饰一番，但到了袁应泰的手里，大明已经搜刮了全国所有精锐力量，有延绥、甘肃、宣大的九边骑兵，四川湖广的南方土兵，戚家军老底子的浙兵，还有内地毛葫芦兵，以及前后一年多来囤积的粮饷770余万两，兵、饷都不可谓不充裕。辽阳、沈阳的城防、盔甲、器械经过熊廷弼的整饬之后，两城也堪称固若金汤。就这样，大明仍然一败涂地。

熊廷弼在辽一年，辽东没有出现大的失败，因此朝堂衮衮诸君自然认为，收拾河山，只能靠熊廷弼了。

一、起用熊廷弼的暗战

辽沈失陷之际，但凡有点头脑的人都知道，即使能解决眼下危局的人不是非熊廷弼莫属，他也至少是不可或缺的人物。但世界上真有一些人，不知道是真蠢还是存心作对，竟然在这个时候仍继续攻击熊廷弼。

就在沈阳失陷、辽阳尚存的时候，兵科给事中郭巩竟然上疏，揪着熊廷弼要"控诉"他丧师辱国、假病欺君，并且还要求将支持过他，重新起用他的内阁次辅刘一燝、科臣陈所志也一并治罪。这么一份极度不讲道理、不合时宜的奏疏在朝廷如此狼狈的时候递上来，不是明摆着添乱吗？郭巩自然受到了皇帝及内阁的严厉斥责，被罚半年工资以示惩戒。

面对弹劾，刘一燝按惯例上疏求去，被皇帝慰留，内阁代表天启皇帝明确指出：熊廷弼的功罪已经查勘明白了，皇帝已经有了想法。这一系列动作明白展示出朝廷的风向，即熊廷弼复出已经摆上议事日程。

在皇帝慰留之后，刘一燝立刻坚定地为熊廷弼站台："即如熊廷弼，守辽一年，奴酋未得大志。不知何故首倡驱除？及下九卿科道会议，又皆畏避不敢异同，而廷弼竟去，今遂有沈阳之事。"①意思是说，熊廷弼守辽一年，后金没闹出什么大事，但熊廷弼竟然就被弹劾驱逐，到了朝中集会时，官员们又都表示畏惧、躲避责任，最终熊廷弼下台，才有今日辽沈失陷。

刘一燝直指弹劾熊廷弼的科道官员。他借殉难的辽东巡按张铨的话说，"今日急着，非旧经略熊廷弼不能办此事"②，提议朝廷赶紧起用熊廷弼收拾残局。

他还特别警告皇帝，千万别再听乱七八糟的谗言，需要不忘初心、坚定意志。刘一燝特别指出，在熊廷弼去职一事中，下级官员雷同附和，有结党的嫌疑。

接下来，御史江秉谦力陈熊廷弼守护辽东的功劳，大赞熊廷弼"才识胆略有大过人者，使得安其位而展其雄抱，当不致败坏若此"③。

江的奏疏一上，皇帝立刻下旨令九卿开会讨论。但所谓讨论不过是走过场罢了，就如半年前罢免熊廷弼时候的九卿会议，所有角力都在会前完成了。会后决议，没有直接把熊廷弼官复原职，而是先将他升为兵部右侍郎起用。

就在此时，辽阳失陷的消息传来，京师戒严，朝廷召开御前会议讨论应对之策。会议上言官们不停抱怨，其他辅臣、尚书们则没有什么主意，除催促起用熊廷弼、张鹤鸣外，毫无办法。

---

① 《熹宗哲皇帝实录》卷八天启元年三月十九日条。
② 同上。
③ 《熹宗哲皇帝实录》卷八天启元年三月二十二日条。

事情到了这个份上，只能起用一些有边疆军事经验的大臣。张鹤鸣，字元平，任职贵州巡抚期间，平定苗乱颇有战功。在萨尔浒一战之后，张鹤鸣已经进入朝廷的视线，当时御史杨鹤就曾把他与熊廷弼一起举荐上朝廷。后来朝廷选择了熊廷弼经略辽东，就把张鹤鸣升任三边总督，张拒不赴任。熊廷弼去职后，张鹤鸣还一度是辽东经略的备选，不过当时朝廷选用了袁应泰。袁应泰败亡，张鹤鸣仍在贵州巡抚任上。朝廷为辽事再度征召张鹤鸣为兵部左侍郎。他在日后与王化贞联盟，与熊廷弼势成水火，此乃后话，先按下不表。

在应付辽事的紧急处置中，除了熊廷弼、张鹤鸣，王在晋、祁伯裕也升任兵部郎官。王在晋曾任山东巡抚，支应辽东兵马粮草，对辽事有一定了解；祁伯裕是甘肃巡抚，也有封疆经验。两人都被提议出任兵部侍郎襄佐军务。另外还升任两广总督许弘纲为兵部尚书，许弘纲就是昔日因建议查勘"荆熊分祖"而被劾去的那位左都御史。

只是让天启小皇帝没有想到的是，这些计议参佐国防事务的大臣们竟然全部推辞任命。对于高级官员的任命，大都有推辞任命的戏码，通常受命者会做做样子推辞一下，但皇帝也会表达求贤之心，再度邀请，官员们最终都会"勉为其难"地接受。

但这次，这些官员都拿出了各种各样的理由，态度坚决地推辞。熊廷弼自然是称病了：你要赶我走就走，你要我来就来，那我岂不是很没面子？张鹤鸣其实早就被升任三边总督，就是抗命不任；许弘纲则把昔日党争劾去一事拿出来说，意思是不想再到朝廷上成为活靶子。一来二去，各人的"礼节性推辞"令状况变得十分尴尬，皇帝和内阁倒成了热脸贴冷屁股。

这下把小皇帝惹急了。天启元年（1621年）三月二十七日，天启在文华殿参加经筵，从阁辅那里了解到事态发展，顿时心中不喜，接连下了几道圣谕催促各人火速来京报到。看来这次小皇帝是真的发火了。他申斥各部院：我年纪轻轻担此重任，本就期待大小臣工同心协力，但你们于国家有难时躲闪回避，成何体统？你们是不是欺负我年纪小？小皇帝这话很冲。谕旨中道：

> 你部里便查升补未任官员，照水程勒限催他到任，有违限的照会典例查参。有官品未崇、例不疏辞的，通政司不得代为封进本章，致滋渎扰。其兵部左侍郎张鹤鸣代归已久，屡奉温纶，止知畏避人言，不顾君臣大义。[1]

这道旨意通篇大白话，看起来应出自小皇帝本人之口，而非他人代笔。

最后，天启似乎也摸清楚了熊廷弼的脾气，以"忠臣义士"之辞来激将："兵部右侍郎熊廷弼功著存辽，朕已洞鉴，朝议佥同，特兹起用。方今奴酋荐食狂逞，忠臣义士岂无枕戈击楫之思？"[2]

从这份出自皇帝的催促谕旨，可以很清晰地感受到小皇帝的性格。历史上，对天启皇帝的评价大多是负面的，主要说他是"木工皇帝"，也有人说他不识字，但这些说法大多来自被他清除的文官派系的抹黑。从这些谕旨字里行间可看出，天启对重大事件从来都是亲力亲为的，这点与他爷爷万历非常相似，即使此

---

① 《熹宗哲皇帝实录》卷八天启元年三月二十七日条。
② 同上。

时他登基不到一年。

为什么可以确定这是天启自己的意见呢？在《熹宗哲皇帝实录》里，明确记载了天启在这一天经筵后就颁布了这些旨意。经筵就是皇帝听先生们讲学的场合，通常也是皇帝与臣子交流意见的场所，可见此番动气，显然与讲学时双方沟通有关。再者，朝中大臣们恨不得把整个内库清空补充国用，但五月初六，天启即位以来第一次驳回户部请发内帑的旨意，这百分百是他自己的主意，不可能出自内阁辅臣之手。由此可见，天启一朝军国大政，皇帝本人一定知道，且所有旨意都得到他的授意。

另外，天启是直肠子性格，觉得自己有错就诚恳认错，但如果大臣们跟他打太极，不悉心用事，那他就极其严厉地责罚。对这位年方十六、血气方刚的小皇帝来说，这时不正是非此即彼、黑白分明的时候吗？这种性格也为日后许多事情埋下了伏笔，包括熊廷弼最终的结局。

又过了两天，天启正式下了一道催促敕谕给熊廷弼，语气非常诚恳，一方面充分肯定了熊廷弼在辽的功绩，另一方面又检讨了自己的过错——因听信谗言而把熊廷弼罢免，他非常后悔。谕中还直陈自己年纪轻轻就挑上国之重任，实在不容易，恳请熊廷弼能出手相助。

天启口惠且实至，到了四月，又下旨处理历史遗留问题——当年弹劾熊廷弼的人要担责任。这也是天启安抚熊廷弼的做法。

事已至此，熊廷弼就没法再矫情了。面对天启小皇帝的低姿态，熊廷弼只能答应了差事，二度出山。在临行前，他再度致信朋友张五云交代后事，言辞中颇有悲鸣之意，仿佛预见到此番出山将要面临的命运。

熊廷弼在五月十八日抵达京师，觐见天启皇帝。熊廷弼当面向皇帝求情，希望不要再追究科道风闻论罪的臣工们，还希望皇帝能让郭巩官复原职，不要因自己而处置言官。

皇帝不听劝阻，仍下旨催促有关部门赶紧发落那些曾经上疏弹劾熊廷弼的官员。结果冯三元、张修德、魏应嘉降三级外调，姚宗文革职为民，郭巩还算运气好点，只贬为陕西按察使。

起先，熊廷弼是以兵部右侍郎起用的，并没有前去辽东，只是在朝中参赞军务，辽东经略一职由巡抚薛国用接任，但是薛国用告病辞任——他说的倒是实话，且没过两月就病故了。随后王化贞升任广宁巡抚，顶替薛国用，实际上已经成为辽东的总管。至于经略一职，甚至还有人奏请起用李三才，只是内阁不以为然。

到了六月初一，熊廷弼写出了那道《三方布置疏》，提到要在山海关设置经略，节制广宁、海上、登莱等三方。5天之后，熊廷弼被任命为兵部尚书兼都察院右副都御史，经略辽东等处军务。

显然，皇帝的期待是殷切的，给予的待遇是极高的，一个月后熊廷弼陛辞出征之时，天启除专敕外，加赐敕书1道、尚方剑1把，副总兵及以下将官允其先斩后奏，另外拨给他京营5000人，随行领军将官纻丝1表里、银20两，标下各军每名银2两。天启还赐给熊廷弼大红麒麟一品官服、纻丝4表里、银50两，并赐宴都城外，五府、戎政、部院堂上掌印官陪钱。

对比一下其后王象乾以本兵（正印兵部尚书）出任蓟辽总督：只赐蟒袍1件、纻丝4表里、银40两，赐宴在兵部，只有各院掌印官赴宴，五军都督府都没来。

皇帝赏赐之物也大有文章。赐大红麒麟一品官服是罕见的待遇，平常普通大官出镇或者有功，赏个蟒袍（四爪龙纹）也就罢了，如王象乾，日后袁崇焕督师辽东，也不过赏了蟒袍。大红麒麟官服有着特殊的意义，无论正二品的兵部尚书加衔，还是正三品的右副都御史，都够不上一品待遇，当时只有公、侯、伯、驸马、太师、太傅、太保三公才是正一品，而文官正一品官服为仙鹤图样，只有公、侯、驸马的正一品才是大红麒麟。赐以大红麒麟官服，言下之意就是说如果熊廷弼可以平定辽东，皇帝不吝封爵之赏。日后天启明确规定，活捉努尔哈赤、努尔哈赤儿子、后金主要贵族，各封以公、侯、伯的不同爵位。

要知道大明270多年历史，除了开国功臣李善长、刘伯温，后世以文官封爵的不过正统朝王骥、成化朝王越、正德朝王守仁区区3人而已，可见这件一品麒麟服有着不同寻常的意义。

所谓希望越大，失望越大，一旦失望，摔得也越重。就这样，本来还有机会逃脱悲剧命运的熊廷弼，在皇帝无限的恩宠中再度踏上辽东征程，但是此番他将无可奈何地面对一盘死局。

二、"三方布置"是否可行?

论及熊廷弼第二次辽东经略任期，"三方布置"的战略是他标志性的成果，也是日后史学家们给熊廷弼贴上的标签。同时史论中有不少观点认为，如果能让熊廷弼这个战略顺利实施下去，辽东有力挽狂澜的希望。那么"三方布置"到底是不是恢复辽东的灵丹妙药呢?

所谓"三方布置"，一开始概念并不明确，在熊廷弼上的《三方布置疏》里，他是这么说的:

> 广宁用骑步对垒于河上，以形势格之，而缀其全力;海上督舟师，乘虚入南卫，以风声下之，而动其人心，奴必反

顾，而亟归巢穴，则辽阳可复。于是议登莱、天津并设抚、镇。山海适中之地特设经略，节制三方，以一事权。[1]

即在广宁布置步骑重兵为主战场，与后金对峙；南卫，也就是辽东半岛旅顺、金州等地为偏师，作为次要战场起到牵制后金的作用；登莱、天津设立巡抚和总兵，在山海关设立经略节制三方。三方就是三个设立巡抚总兵的地方——广宁、登莱、天津。但这又产生了一个问题：如果三方是指这三地，并不能明确知道三地如何战守。

所幸，后来熊廷弼又补充了他的战略，提出三方布置须联合朝鲜。按照熊廷弼的想法，应该在镇江设置据点，招揽辽东逃民，自成一旅，以登莱为后盾，与朝鲜军兵互为犄角，相机威胁辽阳侧后。

如果结合熊廷弼前后的说法，三方的作用就逐渐清晰了。三方对应两个战略方向，一为广宁前线正面战场，二为以南卫为主的次要战场。天津、登莱与辽东隔海相望，按照熊廷弼的计划，水师可以从这两地经海路出发，向辽东半岛发动骚扰性攻势，明军需要在两地聚集兵力和粮饷。通过跨海作战，金州、复州、盖州等地得以恢复，成为插入后金后方的一把尖刀。朝鲜与辽东半岛比邻，自然要成为这个次要战场的一部分，但由于光海君李珲坚决不予配合的态度，朝鲜从来没有主动参与过战事。

到了孙承宗、袁崇焕经辽时，毛文龙在鸭绿江口的皮岛等地建立东江镇，勉强完成了熊廷弼联合朝鲜威胁后金侧翼的战略思路，但是彼时旅顺、金州一方又被后金攻灭。因此，从头到尾，

---

① 熊廷弼：《三方布置疏》，载《熊廷弼集》，第619页。

战略方向都只有两个。

后来，给事中侯震旸也说："经臣三方布置，虽津门稍宽迂回，登、莱去辽一昼夜可达，出奇兵以缀四卫，联络朝鲜以助声援。"[①]由此可见，名为三方实为两路就是熊廷弼的战略核心。在战略中加上天津，可能是因为辽南已入敌手，敌人渡海可直捣津门威胁京师，在天津布防主要目的在于拱卫京师。

作为稳守反击的战略方案，"三方布置"总算是有了一个章程。这比之前朝堂诸君的争吵或者那些奇思妙想来得稳妥一些，至少它指出了一个看得见的方向。

熊廷弼的方案有三个要素，缺一不可。首先是以守为正，辽东、辽西以三岔为基点，以辽河为界，想要恢复辽东，就必须在辽河正面守得住。熊廷弼在此处明显是力主战略收缩防守的，而且这是一条从广宁到山海关的系列防线，利用广宁到山海关之间几十座城堡消耗后金的进攻动能，以达到稳固辽东局面的目的。"初，拟先生驻山海，增兵六万，半驻前宁间，为广宁后劲。"[②]熊廷弼这一稳守的战略在日后也成了孙承宗、袁崇焕等人守备辽东的方略。

其次，有正即有奇，南卫、朝鲜就是奇。后者离女真老巢更近，两地可以通过不停骚扰后金侧背，让努尔哈赤首尾不能相顾。实质上，这是开辟第二战线，使后金陷入两面作战的战略。

这样的战略乍一看的确非常精妙。但纵观历史，两线作战者鲜有成功的案例。可以说若真能按计划完美实行，三方布置、两路进逼，的确具有战胜后金的可能性。

---

①　《三朝辽事实录》卷七，载《先清史料》，第151页。
②　《性气先生传》，载《熊廷弼集》，第1195页。

但在熊廷弼的方案中，还有一个重要的因素，就是国力。没有国力支撑，这样的战略就是纸上谈兵。广宁正面要聚集20万以上的兵力，其他两路也要有数万兵力，这么庞大的兵力集结，耗费的人力、物力、财力不可估量。这也是他布置两路海上补给线的初衷，毕竟海路比较便宜，聚集兵力、粮饷、器械更为方便。

这个方案这在日后毛文龙建立东江镇后，客观上达到了一定的效果，对后金的牵制也一度让努尔哈赤一筹莫展。可以说，"三方布置"在熊廷弼身后得到了部分实现，只是熊廷弼并没有看到这一天。

熊廷弼在日后因毛文龙的镇江大捷与王化贞发生龃龉，导致"经抚不和"公开化。熊廷弼指责镇江一路发动得太早，应该三路齐发，方可一举奏效。但最初他的想法可不是三路齐发，而是"海上督舟师乘虚入南卫，以风声下之，而动其人心"①。如果没有南卫的骚扰，如何能虚入？又如何以风声动人心？可见熊廷弼的说法也是随机而动，并非一以贯之。

以大明的财政状况，根本无法支撑如此庞大的战略计划。辽东前线一直有这样的困境：先聚集大量人力物力，使前线稳定下来，然后后方承受不住经济压力，屡次催促前线进攻，从而导致失败。无论是熊廷弼两次经辽，还是日后的孙承宗、袁崇焕、洪承畴，每个人几乎都败在既没有耐心又没有财政支撑的朝廷手里。

熊廷弼在实施计划时，遇到的最大敌人不是后金，而是王化贞。这个广宁巡抚心比天高，策略是一举荡平——非常适合无法持久作战的大明朝廷当时的心态，因而王化贞在与熊廷弼的较量

_____

① 《熹宗哲皇帝实录》卷一一天启元年六月一日条。

中占据上风。

由此，我们可以得出结论：无论如何熊廷弼都没有时间和空间将"三方布置"实施下去。这个需要耗费巨大国力的计划，虽然看上去有成功的希望，但并没有支撑其实现的现实因素。

三、"经抚不和"序幕

熊廷弼这个本来实践性较低的计划，从一开始就遇到了麻烦。有人觉得他想设立经略，是为了与广宁巡抚争权。也就是说，从熊廷弼复职的第一天起就已经有人提出反对意见。

吏科都给事中薛凤翔反对熊廷弼设立经略的意见非常有代表性，基本上把经抚不和的问题都说清楚了：设了经略，又不能遥制广宁，你设这经略来做什么？不如强化王化贞的权力，令其便宜行事，经略就不必设了。

经略、总督、巡抚理论上各干各的，在辽东战区，蓟辽总督、辽东巡抚并不统属于经略。如熊廷弼第一任经略任期中，辽东巡抚驻在广宁，负责专制蒙古，蓟辽总督主要肩负自山海关起的长城以内拱卫京师的职责。两者与熊廷弼的主要工作并不重合。在没明确经略有权管理督抚的时候，如需要调兵或让其配合工作，经略只能咨文给总督、巡抚，不该也不会命令对方。

但这一次，朝廷做出了明确界定。六月会推经略之时，皇帝（内阁）的旨意是："山海设经略重臣，节制三路水陆官兵。"[1]意思就是，广宁、天津、登莱三路水陆官、兵都归经略指挥，那么广宁巡抚就是辽东经略的属下。到了十月，圣旨又再

---

[1] 《熹宗哲皇帝实录》卷一一天启元年六月一日条。

明确了这点。

不过，辽东之地已经完全丢失，明朝只剩下以广宁为核心的辽西地盘，也就是广宁巡抚辖区。薛凤翔的意思很明白：辽西就剩下广宁了，巴掌大的地方，不需要经略与巡抚重叠事权，只要一个巡抚就够了，再说，如果要兼顾关内，又有蓟辽总督，辽东经略完全是没必要的职务。

一开始，熊廷弼便毫无选择余地，被动地陷入了经抚不和的旋涡中。对此，熊廷弼连忙回了一疏，表示如果因为自己的方略导致巡抚无法便宜行事，坏了收复辽东的大计，自己可吃罪不起，因此最好还是按照薛凤祥的意见，不要另设经略为好。

现在已无法了解这是熊廷弼的真实想法，还是以退为进的策略，但偏偏皇帝及内阁都认可了熊廷弼的"三方布置"策略，仅仅5天之后，熊廷弼被第二次任命为辽东经略。由此以降，他的命运便已经注定了。紧接着，熊廷弼欣赏的陶朗先被任命为登莱巡抚，"三方布置"开始实施。

可即使如此，广西道御史李应荐还是上书唠叨："恐一居关内，一居关外，事态多端，媒孽易起。"①

熊廷弼之前已经有了以退为进的表态，且皇帝已经下旨要求大家精诚团结，不要再说这事了，但李应荐又嚷嚷一嗓子，熊廷弼脾气就上来了。他即刻反驳：我过去跟王化贞相处得挺好的，如今也没有闹别扭，你们怎么就没完没了说我们一定会有矛盾呢？这让我想起之前你们闹出的事端，就是这样喋喋不休、没事找事，才把我赶跑了，现在又开始了，你们到底要怎样啊？

熊廷弼显然已经预见到这类言论的危害，所以他一针见血地

---

① 《熹宗哲皇帝实录》卷一一天启元年六月十二日条。

指出："展布之苦，又不在地方，而在庙堂之上矣。"①事情做不好，看来原因不在地方，而在朝堂上。

熊廷弼可能是世界上最冤枉的人，因为，"三方布置"的战略其实是王化贞提出的。

王化贞献策还早于熊廷弼一个月时间，看看他说了什么："今之画谋而守者，非为区区河西弹丸计也，将进而抚定四卫，收取辽阳。"②即不能只守在河西，还要抚定南四卫（金州、复州、海州、盖州），进而收复辽阳。这个大框架与熊的"三方布置"——主力屯兵广宁，再以偏师入南卫，没有本质区别。

再看具体战术："若得舟师万人，联海上，将掎角朝鲜，明示进取之形，阴寓接引之意。"③即在海上虚张声势，让后金首尾不顾。而且威胁南卫、掎角朝鲜的水师，是从天津与登莱而来："天津登莱俱可高枕卧矣。"④真实目的还有拱卫京师之意。

如果不看作者，把这些战术当成熊廷弼的具体战术也没有任何问题。王化贞还建议从浙江调七八千水师过来，从鸭绿江溯流而上，绕出"奴寨"（赫图阿拉）之后。

在主要、次要战略方向上，熊廷弼与王化贞的想法没有任何差异，这表明"三方布置"就是由王化贞首先提出，再由熊廷弼归纳总结的。

所以在这个时候，熊廷弼觉得非常冤枉：我都如此重视王化贞的意见了，怎么还不放过我呢？熊廷弼还是太耿直了，想法可

① 《熹宗哲皇帝实录》卷一一天启元年六月十二日条。
② 沈国元：《两朝从信录》卷六，台湾华文书局1968年版，第835—836页。
③ 《两朝从信录》卷六，第837页。
④ 同上。

以一样，问题是谁来指挥实施，如果同时提案，那谁来占有权力与资源？最后功劳怎么分？

熊廷弼在上任之初，对王化贞的工作是相当支持的。六月十九日，王化贞上疏，像当年熊廷弼一样倒苦水：辽阳已破3个月，出关兵马只有1.7万余人，其中只有宣府1000名骑兵、三屯营300人还堪称精锐，其他人就如"象人涂马"滥竽充数，其他马匹、盔甲器械要么没有，要么破烂不堪……

4天之后，熊廷弼跟着上疏，为王化贞撑腰，为此又不惜与关内督抚们撕破脸，要求他们与辽同功罪、同安危，而且把话撂在那儿：他将亲自在山海关检验援辽官兵，老弱病残一定截回去。二人在援辽兵马质量问题上可谓同仇敌忾，这也证明了当年熊廷弼声嘶力竭为此争执的必要性。为了支持王化贞，熊廷弼不怕继续与关内朝野大佬对立，如此表现，也体现出经抚一体的责任。

只是，双方的"蜜月期"连一个月不到就因为广宁守备战策产生了矛盾。七月十一日，王化贞上书提出在辽河下游的三岔河岸上布防的计划，辽东尚有援兵、溃兵、募兵共7.7万余人，将设6名将官、12名守备，以总兵统一调动。

王化贞话里有话，说：这些战守之策应该是经略筹划的，但之前经略缺位，我一直在广宁，只能勉为其难，代经略布置。然后他提到了熊廷弼，表示如果熊廷弼有不同意见，可以更改他的计划：我所尽的都是经略的职责，不过是暂代，如今不敢不全数奉还。我与经略一体承担，不敢推诿，但号令出自经略，我也应该向经略汇报工作。

朝廷对这份奏疏的回复非常微妙。阁辅们不肯批准防御方案，只是谈起了经抚职责，说二人"各有职掌，事任难分。仍宜弹极忠猷，同心体国"，这又是精诚团结的场面话，对于具体工作只说要"未竟事宜，参酌布置"。①这把太极打到了极致，但隐含的意思，就是这事应该由王化贞和熊廷弼商量好了再上报。

在熊廷弼看来，王化贞太不地道，得了便宜又卖乖。作为封疆大吏，王化贞本来就可以便宜行事，但便宜之后应该承担责任；如果不要便宜行事之权，就该向熊廷弼禀报，商量好了再上奏。显然王化贞并没有与熊廷弼商量，熊廷弼是从王化贞密奏朝廷的揭帖里知道这些事情的。这在现代企业里就叫"越级报告"，本来就是管理中的大忌。

王化贞的如意算盘打得噼里啪啦响：既要便宜行事，又要熊廷弼背书。一个作战计划，熊廷弼没有参与制定，他如何能背书呢？以后出了问题，又凭什么要他一起担责呢？说白了，就是责任与权力不对等。

如果说之前经抚不和还是心照不宣，或者来自科道官员的闲言碎语，那么这份奏疏就是王化贞的战书。熊廷弼是什么人，能受这种气？他收到揭帖后，立刻上了一份长篇奏疏。这份奏疏一分为二，一来讲驻防河上的问题，二来讲经抚二人的权责问题。

对于驻防河上的计划，熊廷弼明确地反对，逢人就说三岔河不可驻。因为辽河狭窄，后金军骑马就能涉渡，到了冬天河水结冰更加来去自如；而沿河堡垒小，难容重兵。就算河防驻3万人，也挡不住三千敌人渡河，河上的防线一旦有一点被突破，就如竹节一般节节破开，形势不可收拾。熊廷弼的意见是在河岸布置小股侦察兵，然后多置烽火台，保持预警系统畅通；大部队集

---

① 《熹宗哲皇帝实录》卷一二天启元年七月二十一日条。

结在广宁附近，构筑若干营盘，互为掎角，围绕广宁坚城进行防守。

第二个重要问题，就是二人的权责分工。熊廷弼一针见血地指出，王化贞不是想将防御事宜交还给经略，而是借这份奏疏，再把便宜行事的旨意强调一遍罢了。本来巡抚就是受命节制一方，大事小事都要拿主意。熊廷弼只愿在"大关窍"处商量一下，但求同舟共济而已。

那么"大关窍"是什么呢？就是大战略。熊廷弼点明："凡一方军马钱粮、虏情军机皆得专主，非假非借，不得交还也。"①筹措军马钱粮是巡抚本职工作，"军机"就是临场战斗的指挥，也是巡抚应有的责任。

但前线布防这种事属于战略层面，不是巡抚一个人可以拿主意的。

熊廷弼的反击，站在他的角度是有道理的，但在王化贞看来就未必了。毕竟顶在广宁的是王化贞，熊廷弼在500里外的山海关，广宁直面后金的压力，怎么布防，关涉王化贞的身家性命。现在从决策者变成执行者，王化贞肯定一肚子不乐意。

朝廷在回复两人的争执时是站在熊廷弼一边的，认同熊廷弼的意见："其本镇应行事务，随宜专制，不得诿卸，以重责成。"②关于辽河的防御，朝廷虽认为熊廷弼的意见是老成谋划，但没有下定论。最后两者的争执要到方震孺出关巡按后才解决——方震孺也支持熊廷弼。

熊、王二人的区别在于，一个主守，一个主攻。方震孺在一

---

① 《熹宗哲皇帝实录》卷一二天启元年七月二十三日条。
② 同上。

个月后对两人的分歧定了调子："抚臣意在以进为守，谓不进必不可守。经臣议上以守为进，谓能守而自可进。"①

看王化贞的策略，通篇只一处提到"守"，其余都是"进剿""进取""并进""夹攻"，如此一反熊廷弼经辽以来的保守策略，至少表面上给人产生了辽东可能翻盘的错觉。

反观，熊廷弼始终强调形势危险，需要固守而后图战，但守了一年多也没有战，这在许多进取型官员看来，就是不思进取、暮气沉沉。

假如亲身进入历史现场，看到二者对战争前途和路径的规划，可能大多数人都会认同王化贞的态度，希望一个敢战的总指挥能改变辽东带来的局面。

恰恰就在这个关键点上，史上著名的"游击大队长"毛文龙横空出世，他的出现让熊、王二人的天平出现了明显的倾斜。

四、横空出世毛文龙

在三岔河防御（进攻）计划上吃了瘪的王化贞，眉头一皱，计上心来：你不是说战区的战机由我来专断吗？那我就在执行层面做文章。王化贞派遣督司毛文龙，率220余人渡海到镇江，开始了"三方布置"中的南卫、朝鲜偏师的计划。让朝廷万万没想到的是，这一步看似并不重要的闲棋冷子，突然间为三年来一败再败的大明朝廷带来了一场难能可贵的胜仗。

毛文龙是辽东战场绕不过去的人物，曾经一度垄断了辽东明军的胜仗，成为大明的"海上长城"。

---

① 《熹宗哲皇帝实录》卷一三天启元年八月五日条。

毛文龙，字振南，万历四年（1576年）正月十一生人，家住杭州府钱塘县忠孝巷，与景泰时名臣于谦为乡里。他祖籍不是浙江，而是山西，因祖父贩盐来到了杭州。由于父亲死得早，只有几岁大的毛文龙就跟母亲沈氏投奔了姥姥家，也就是杭州望族的沈家。据说毛文龙小时候曾读过四书五经，但对此没兴趣，更喜欢打打杀杀、研读兵法。因为没有父亲管教，他平时也混迹市井，就这么一直混到29岁，仍然一事无成。后来沈光祚就把他推荐到了辽东，投奔李成梁麾下混个出身。

毛文龙进了军队，也不太得志，到边三年升上了守备，但从此他就在这个位置上待着了，十几年过去了一直无法升迁。主要原因是他为人耿直，不愿枉杀报功。毛文龙从青年熬到了中年，眼看白发已生，仍然升迁无望。

即使如此，毛文龙这员将才还是被熊廷弼慧眼识珠发现了，在第一任经略任期结束后，熊廷弼曾上书举荐他。毛文龙是熊廷弼口中的将才，从毛文龙日后的功绩来看，不得不说熊廷弼对他的认识非常中肯，只是熊廷弼还没来得及大用他，就去职了。

真正对毛文龙有知遇之恩的是王化贞。辽沈陷落，毛文龙家遭大变，家中100多人被杀，妻子、妾室、儿女大部分都死了，只有独子毛承训被人抢了出来。毛文龙从此与后金结下了血海深仇。正好赶上王化贞招募勇士，毛文龙上书自荐，王化贞壮其勇，直接实授游击。自从万历三十六年（1608年）当了守备之后，毛文龙在辽东混了十多年，终于靠着王化贞获得晋升，所以日后毛文龙终生以王化贞为恩主。

王化贞重用一心要为家人报仇的毛文龙，就是为了王化贞版的"三方布置"：

化贞命往河东等处，招致遗民，恢复疆土，遣千总张扳等四人，兵二百，给札百张，与海舟四号，米五百石。[①]

毛文龙一路沿辽海海岸前进，先到猪岛，再到广鹿岛，然后次第收复了给店岛、鹿岛、长山岛、小长山岛、色利岛、章子留岛、海洋岛、王家岛等地。最后到达鸭绿江口的弥串堡，毛文龙在此驻军招集难民。

天启元年（1621年）七月十九日夜，毛文龙派兵100余人，由陈忠率领渡江在镇江城外20里上岸，在城内中军陈良策的接应下，趁夜登城。经过激战，明军俘虏了驻守此处的原明朝降将佟养真及其长子佟丰年、侄子佟松年，又顺手攻取另外几个堡，俘虏60人，是为"镇江大捷"。

王化贞立刻向朝廷报捷。对于在辽东一败再败的大明来说，这场大捷就如久旱逢甘露，令人兴奋不已。大明以此为奇捷，大臣们纷纷为之庆贺，许久未有的献俘仪式终于可以重演了。

朝廷对此也不吝封赏，立马给了毛文龙副总兵的职位，赏银200两，他的手下苏其民、张攀、陈忠各赏银50两。

但是，镇江大捷也有争议。登莱巡抚陶朗先当时也派了一支舟师前往镇江，但没参与攻城，当事将官王绍勋报称佟养真并不是毛文龙所派官兵破城所获，而是陈良策被策反后把人绑了送到毛文龙面前。双方为此闹得很大，陶朗先一方因此受到攻击，被认为他们嫉妒功臣。

核对朝鲜和后金的史料可以发现，陶朗先说得没错，陈良策被毛文龙招降后，决心反正，于是和手下捆绑了佟养真献城来降，什么"一鼓破城"，多数是毛文龙为属下邀功之辞。也就是

---

① 《明季北略》卷二，第39页。

说，王绍勋、陶朗先的汇报才是实情。

由毛文龙光复镇江一役的真实情况与军报的差别，就可以看出大明朝战役战斗中的水分。这也是明末文官对将领、朝廷对边镇极不信任的原因之一。

毛文龙这一战算是打破了女真不可战胜的神话，纵然多少有点牵强，但到底给大明打了一针强心剂。大捷传来，踌躇满志的王化贞上疏指责各方不配合，导致趁机反攻的机会失去了。

与之前态度不同，皇帝立刻站在了王化贞一边，决定大显身手，命登莱、天津两处都派出兵马，支援镇江或者三岔河。又命王化贞率广宁精兵四万，与蒙古人联合相机进取，熊廷弼扼守山海关，从而三方协力，务收全胜。然后罕见地命兵部发帑金10万两给登莱、5万两给天津。皇帝这次下旨相当于同意了王化贞的建议，允其以四万兵马进军三岔河。小皇帝许是被胜利所振奋，大有一举平辽的雄心壮志。

但现实却是残酷的。努尔哈赤派出莽尔古泰率军三千前往镇江，想想不放心，又派大贝勒阿敏率领两千兵跟进。五千八旗大军来得飞快，毛文龙猝不及防，只以二十骑跑入朝鲜躲避，归附的四万军民一哄而散，后金讨伐队俘获了1.2万人后返回辽阳。

另一边，听说王化贞率兵前往三岔河，熊廷弼忙不迭前往接应，但，本来跟他一起出关的两千兵马又因为粮草跟不上留在了广宁右屯，熊廷弼只得率领十几名家丁赶往河上。没有想到的是，王化贞虚晃一招，一枪未放，已经率军返回了。

王化贞到底干了什么呢？据后金方面记载，明军只有4艘船尝试渡过辽河，被后金一方胡乱打了几炮，就撤回了。一场在天启皇帝看来雄心勃勃的进攻辽东行动，以这样一种黑色幽默的方式结束了。

五、联合蒙古的失败

天启元年（1621年）初秋，努尔哈赤总算解决了宰赛的问题。作为喀尔喀五部中领头的大酋，宰赛终于可以脱离待了一年多的囚笼。

临走的时候，诸贝勒把宰赛送到10里之外，宰了两头牛、两只羊，大摆筵席欢送。努尔哈赤还赐给宰赛蟒缎镶沿黑貂皮朝衣，还有貂皮袄、貂皮帽、猞猁皮裤子、密线靴、玲珑腰带及雕花撒袋，备雕鞍马一匹、明甲一副、盔甲全副、次等甲百副和弓箭全副。

后金一方隆重有加，但宰赛为了自由付出了2000匹马、3000头牛和5000只羊的代价，还有亲生的二子一女留作人质或用来联姻，屈辱心酸，唯有自知。走前，皇太极与他各杀了一匹白马盟誓："倘尔斋赛（宰赛）不以养父为父，不以众弟为弟，归故土后萌生二心，则必遭天谴，因罪而死。"①宰赛直接被降了辈分，当了努尔哈赤的养子。

被俘一年多之后，身为黄金家族的后代，跺一跺脚辽东地面都要抖三抖的宰赛，就这么颜面尽失地回了老家。他可能咽下这口气吗？

虽然蒙古人在之前与后金盟誓，但对他们来说背盟比吃菜还容易。早在一年前的六月，后金使者回报努尔哈赤，喀尔喀已经跟大明好上了，炒花说儿子们变心，自己也管不了，因此不见后金使者。

炒花搪塞努尔哈赤的说法，也算是信口胡言之典范，因此，

---

① 《内阁藏本满文老档·太祖朝》（汉文译文）第二十五册，第82页。

努尔哈赤非常恼怒，遣使到喀尔喀申斥。但喀尔喀各部表面上敷衍，实际上与大明暗通里款，一方面贪图大明的款银，另一方面也因为感受到了后金的威胁。

努尔哈赤一直谋求分化蒙古与大明，不让两者联合，因此，释放宰赛，未尝不是努尔哈赤为与喀尔喀改善关系所做的努力。但梁子结下了，哪儿那么容易解开?

在辽沈失陷后，联合蒙古以制后金，已经成为大明朝野共识。在这一点上，熊廷弼与王化贞的认识相对一致。熊廷弼认为："臣到任后即驰广宁，果得西虏号召部落，约期东向，便当奖率。"①

王化贞对联合蒙古人更是积极。天启元年（1621年）三月，他给朝廷建议发百万帑金到山海关以联络蒙古，只要蒙古愿出兵就给予赏银，如果谁能把后金灭了，就比对顺义王的待遇，岁岁给赏。到了五月他就给林丹汗发了4000两的赏银。

两边的沟通还是比较成功的。林丹汗派来使者与王化贞会晤，双方约定，如果平定后金，大明将赏给林丹汗1万两，其他八大部各1万两，为了敦促他们出兵，先给各部赏银1万两。有银子自然是蒙古各部喜闻乐见的事，炒花也来凑热闹，率喀尔喀五部声称要助兵，也领了1.2万两银子。

截至后金攻陷广宁城之前，王化贞让"憨八大营领去银万两，小歹青领银二千，炒花五大营领银一万，炒花等增新赏四千……通计三万余两"②。

相比一年动辄几百万两的军饷，招募蒙古人的费用真是可以

① 《熹宗哲皇帝实录》卷一二天启元年七月二十一日条。
② 《两朝从信录》卷十一，第1181页。

忽略不计，但是在这项方针政策上，始终有几个问题绕不过去。首先是双方缺乏互信，无论是明朝这一边，还是蒙古那一边，都有点同床异梦的意思。

熊廷弼对于蒙古，历来抱有提防之心。在这一年九月，他给皇帝上疏提醒不可过分依仗蒙古人。针对王化贞盘算中的与蒙古两路进兵，他警告，仍然需要依靠自己，坚持"三方布置"，厚积兵力粮草，只有等自己准备好了，才可以约蒙古人一起进兵。

此外，蒙古人内部也是各行其是，察哈尔与喀尔喀之间也有矛盾。前面说过炒花和宰赛都与辽东许诺联合，但实际上并非如此，他们与林丹汗之间的矛盾可能更大。像宰赛受后金如此奇耻大辱，但他在听说林丹汗即将东来之际，仍然将这个消息告知努尔哈赤。喀尔喀部对林丹汗的提防是深入骨髓的。

熊廷弼同样察觉到这点，上疏讲到两者的矛盾：七月林丹汗派贵英来设防，但强奸了喀尔喀的妇女，五部生气，有一万多人降了炒花，贵英追杀降众百余人以及炒花部两人，双方梁子越结越深。因此，熊廷弼对察哈尔协防产生疑虑，认为两者很难相容。作为王化贞朝中支持者的张鹤鸣对此也颇为担心。

由此可见，明朝对蒙古内部矛盾多有耳闻，对此也是时刻提防。但王化贞对此颇有信心，一直相信林丹汗会派40万大军相助攻后金。

熊廷弼对王化贞这种将恢复辽阳寄托在林丹汗一部的做法嗤之以鼻。在给内阁科道的信中，他又满腹牢骚："（王化贞）言吾用西人可以不战，战，吾用其叛降，可不烦兵而下；言西人四十万、三十万、四万、一万来，种种自诩自任，而毫无一验

也。" ①

最终，在广宁战前，总算有一万蒙古骑兵抵达广宁，王化贞派人检点之后，其中只有7000人堪用，便派他们赴前线策应。此时已是天启二年（1621年）年初了，而这一万援兵后来也没起任何作用，反倒在溃散之后成了打劫辽东百姓的主力。

在这场"三国志"里，蒙古并没有真心实意帮助大明。纵观辽东开战的几年里，唯一正经与后金干过仗的也就只有宰赛而已，且落得大败亏输。林丹汗始终没有加入辽东战团，这种行为让他的声誉大打折扣，毕竟在万历四十七年（1619年）十月，他曾致书后金努尔哈赤，警告其不得染指广宁。但到了关键时刻，他竟然没有派一兵一卒出战，这极大地损害了他的名声和号召力，从此蒙古各部更加离心。日后长生天对他的言行相诡给予了惩罚，林丹汗最终败亡在后金讨伐战争中。

在对蒙古人的利用上，以结果论，又是熊廷弼对、王化贞错了。日后，有官员为熊廷弼说话，也提到这一条——熊廷弼可是反对王化贞信赖蒙古人的。

六、经抚不和渐趋高潮

毫无疑问，辽东的经抚不和，对辽东军事破坏极大。朝廷并没有第一时间解决这个问题，而是一直在和稀泥，让经抚一体，和衷共济。

一开始二人的争执多为公事，镇江大捷之后，二人到了凡事必争的地步。这是因为派出毛文龙而身价陡升的王化贞话语权日

---

① 熊廷弼：《与阁部科道》，载《熊廷弼集》，第1132页。

重，双方很快就摊牌了。

熊廷弼在毛文龙镇江大捷之后，给王化贞写了一封信，要劝劝这个看上去很上进的属下。熊廷弼上来就说：我和你过去在河东，同舟共济一年多，推心置腹，并没有矛盾，但老夫一被推为经略，你的同乡、同年、同门就出来指责老夫，这让我不得不凡事小心翼翼，不能直言，于是我婉言相劝，你也不接纳，就这样，已经3个月了，现在我有些话要跟你直说。

接下来，熊廷弼劈头盖脸地历数王化贞工作上的失职：没有准备车马牛，以至于粮草转运不畅导致前线饿肚子；战马选练不力，影响作战；说了不可驻兵河上，又没有在险要处设防，以至于冬天还要耗费人力、物力去凿冰。

熊廷弼指出，问题的关键就是：你王化贞急于求成，不想好好防守，只想侥幸一胜，光复全辽。数落完了，熊廷弼才开始循循善诱：如今你的条件比我当年好多了，你手下有十几万兵，只要好好操练，河西焉有不可守之理，总之你要严整领军，不要让手下以为你好欺负，不然他们就会懈怠玩易云云。

这是劝吗？实在是长辈对晚辈、上级对下级的训诫。熊廷弼也知道，没有谁听得下这样的劝，他最后说道：本来我不便说，也不想说，但关乎功罪一体、生死存亡，又不得不说，我就知道阁下看到之后必然又气又恨，但希望你能平复心情好好想想，或许能体谅兄弟我一番苦心。

这封长信，是两人矛盾激化的标志。大学士叶向高也认为，之前双方还能商量着办，但镇江大捷之后便无法调和。

镇江大捷让王巡抚春风得意，根本听不进熊廷弼的话，理都懒得理，直接抛开熊廷弼，今天联络虎酋，明天谋夺海州，踌躇满志，还梦想要光复辽沈。

两人的矛盾也逐步升级，几乎在每个问题上都有分歧，基本上是你向东，我偏要向西。像各地援军是叫"平辽"还是"援辽"，都要吵一番。王化贞说：辽阳已失，应该叫"平辽"；熊廷弼说：辽人又没有叛乱，你平个什么劲？应该就叫"征东"或者"平东（虏）"。这等小事都要争，更何况是大事？除了前面说过的战守，双方争执的问题还有两点。

其一是熊廷弼是否应该出关。

记得熊廷弼第一次经略辽东的时候，身在危险的第一线，直面后金压力。当时姚宗文为辽东巡阅，熊廷弼就劝他不要待在广宁，应该来辽阳。现在他又面临这样的局面，只是被劝的人成了他自己。

早在七月熊廷弼上任之初，王化贞就请熊廷弼出关，还恭维熊廷弼："并催熊廷弼速行出关调度，盖奴与李永芳之所畏者惟廷弼，一闻其出关，必趑趄而不敢进，兵亦不敢逗留，中外同心协济，而辽犹可为也。"[1]

时间进入十月，也就是熊廷弼赴任已3个月，此时镇江大捷的热乎劲儿也过去了，兵部尚书张鹤鸣再催促熊廷弼出关："河冰渐坚、奴氛甚恶、人心不固，且谋内徙，宜令经臣出关与抚合势，则人心自定。"[2]

御史苏琰也跟着帮腔："三方布置"是三处巡抚，以经略统率，我就觉得经略待的不是地方，山海关去广宁400里，公文往来一趟十几天，战机转瞬即逝，哪儿来得及如此往返？

熊廷弼这人的脾气是，你有意见我必回应。他借着回应苏琰

---

[1] 《两朝从信录》卷七，第887—888页。
[2] 《熹宗哲皇帝实录》卷一五天启元年十月十日条。

表明态度：谁说经略必须顶在第一线？韩琦、范仲淹经略西夏，不是管着一大片地方吗？现在我住在山海关，是要兼管广宁、登州、天津的。然后又不忘抱怨一番，说什么河岸、沙滩上无法扎营，无非就是东拉西扯——这种意气之言，在熊廷弼的奏疏里比比皆是，能起什么作用？熊廷弼败就败在这张嘴上了。

在回应张鹤鸣的奏疏中，熊廷弼是这样解释的：当初任命我为经略，朝中大臣已经议论纷纷，都说广宁已经有安排，应该专用巡抚，经略反而会干扰巡抚职权，当镇江大捷的时候，更加如此，根本就不需要经略；但之后后金反扑，危险出现了又想起我来，催老夫出关。手头无兵，出关又有何用，都说我出关可以安定人心，但没兵的经略只会动摇人心。

嘴仗打过了，但熊廷弼还是没顶住压力。在十月二十五日，王化贞再度作势进兵辽河的时候，熊廷弼带着京营5000人以接应为名进驻广宁右屯，此处离广宁140里。熊廷弼罕见地向现实低头了，总算解了围绕经略出关引发的争吵。这是他上任以来第二次出关了，这次他就留在了这里，一直到第二年的一月二十三日，前后将近3个月。

熊廷弼是否应该出关呢？王化贞仗着上面有人，一味突出自己部门的作用，就是要跟熊廷弼争主角。从他的角度来看，这个反应很正常，毕竟广宁是面对后金的主战场。但看看熊廷弼的"三方布置"策略就知道了：他的战略需要三方准备，两路齐发，也就是说他还要指挥天津和登州，可不是只关注广宁一处战场。

还是御史江秉谦一语中的：熊廷弼的进退，实际上操控在王化贞手里，经略并没有节制三方之权。经抚之争的实质也浮出水面——权在谁手。

其二是高、胡、张、佟的任用之争。

二度经辽之初，也就是天启元年（1621年）的六月十六日，熊廷弼上疏请复用监军道高出、胡嘉栋，饷司傅国，同知张文达等。高出、胡嘉栋都是他在辽东时的左膀右臂，在他首次经辽任期后，高、胡继续在辽东任职，辽沈战役大败之后，高出逃回广宁，胡嘉栋跑去抚顺渡海到了登州。天启知道大臣们逃跑，非常生气，派出锦衣卫将高出逮捕下狱听候发落。

幸得熊廷弼保荐，高、胡二人被重新起用。不仅是熊廷弼，连王化贞也请求将二人调辽东复职。本来事就这样定了，但没想到横生枝节，刑部尚书黄克缵唱反调：人都下了法司，怎么就一大票人出来说情，皇上竟还看在熊廷弼的面子上许他们戴罪立功。黄克缵认为不可，又捉又放，皇帝的命令犹如儿戏，朝廷法度形同虚设。

熊廷弼这人很讲义气，虽然高出、胡嘉栋于气节有亏，但熊廷弼还是想办法为二人开脱，称回朝不算逃，这叫"归"。

黄克缵话也说得太硬，扯上了皇帝。天启小皇帝显然觉得这个刑部尚书很不给面子，早不说晚不说，等已经准许起用了才说，于是很委婉地回绝了。有皇帝坚持，第一轮争执也就算过去了。

但很快，第二轮争执又开始了。熊廷弼继续举荐自己想用的人，以原在辽东募辽人为军的刘国缙为山东按察司副使，以夔州府同知佟卜年为山东按察司佥事。吏部也如他所请，发下任命。

前文提到，佟是辽东大姓，辽东战争爆发，佟家不少人投降了后金，如佟养性、佟鹤年等。佟养性娶了后金宗室女成为后金额附，佟鹤年有说被熊廷弼斩了，有说他降了后金，但他的儿子佟国祚只身脱逃降了后金却是板上钉钉的事。

看佟卜年这个名字就知道，他是与佟鹤年同辈的佟家人。

只是与那些从军的同族不同，他走上了科举之路，并且在万历四十四年（1616年）中了进士，彼时正任职河间知县。家族中大量族人降了后金，佟卜年的倒霉日子就开始了。

他先是被御史徐杨先以家族里有人叛逆，本身也有贪污的名声为由弹劾，被朝中重臣以"不必疑义"力保，还被授四川夔州府同知。本来佟卜年可以去四川当官，远离是非旋涡，但偏偏熊廷弼想以他的身份招揽辽东遗民，成就"三方布置"。

对佟卜年的任用，遭到了以张鹤鸣为首的朝中部分大臣的反对。张鹤鸣话中有话，说佟卜年是女真一族，胡嘉栋在天津这样舒服的地方，算什么赎罪立功？

熊廷弼当然要尽力为举荐之人一一说项，称佟卜年与佟养性为远亲，不用疑惑；刘国缙虽然在招募辽人方面不行，但之前有功，保过辽阳；胡嘉栋本来就要在天津任用，后来辽抚请他出关，人已经离开天津了。

但张鹤鸣并不因此放手，而是继续攻击佟卜年。他先是说赴任的时候路过河间，曾与佟卜年见过，他对佟卜年印象还是不错，觉得佟卜年是个实心用事的人；胡嘉栋是他的老乡，他看胡嘉栋也是有才、忠诚的人。张鹤鸣接着话锋一转，说：佟养真曾供述，佟卜年的曾祖是佟养真的祖父，佟卜年与佟养真还没出五服呢，所谓乱臣贼子，何代无之？念佟卜年也是两榜进士出身，不如把他放到云贵广西当官，也不会埋没了人才。

但熊廷弼坚持要保住自己举荐的人，坚决不让步。结果皇帝还是选择支持熊廷弼，佟卜年、高出、胡嘉栋、刘国缙等人最后依旧被起用。只是这也最终害了几人，佟卜年在广宁兵败后，被锦衣卫逮捕再度下狱，最终瘐死。

此事不仅仅是张鹤鸣与熊廷弼的争执，还牵连出对熊廷弼背后势力的攻击。刑科右给事中孙杰借机弹劾阁臣刘一燝、吏部尚书周嘉谟。孙杰指出高出、胡嘉栋、佟卜年等人是刘一燝授意从宽发落的，以至于最终三人均戴罪立功。孙杰又有诛心之语，说刘一燝所为让皇帝金口玉言如同儿戏。紧接着吏科给事中侯震旸、御史陈九畴也借机纠核刘一燝、周嘉谟，但都被皇帝压了下来。

此番对战，朝廷明显分成两派，朝中庇佑佟卜年的大人物就是阁臣刘一燝和吏部尚书周嘉谟，他们二人也是支持熊廷弼的主要势力。这也让政治派系的倾轧浮出水面。明末万事也逃不过党争。

七、经抚不和的背后角力

熊廷弼、王化贞两方处处角力，事事争吵，肯定不仅仅是为了辽东战争，背后还藏着人事与时势的暗流。

镇江大捷后，兵部尚书张鹤鸣支持王化贞，认为机不可失，应该乘胜追击。熊廷弼对张鹤鸣非常不满，上疏驳斥了张鹤鸣。本来作为经略，各路援辽兵马，应该由兵部尚书转咨经略调遣，但张鹤鸣完全不知会熊廷弼，直接调派援兵。熊廷弼因此怒气冲天，直接挑破了那层窗户纸，指出自己不过是被兵部与巡抚架空的泥人罢了。

这一番争执，使得张鹤鸣与熊廷弼彻底闹掰。《明史》评价："鹤鸣与相失，事多龃龉，独喜巡抚王化贞。化贞本庸才，好大言，鹤鸣主之，所奏请无不从，令无受廷弼节度。"[1]

---

[1] 《明史》卷二五七《张鹤鸣传》，第6618页。

此时此刻，也怪不得熊廷弼撕破脸皮——他要面对的还有朝中反对他的势力。首辅叶向高暗忖张鹤鸣与熊廷弼冲突，是背后有人挑拨事端，这人就是另一内阁大学士沈公。

沈公就是沈潅，王化贞的幕后主使。这股势力上有内阁大学士沈潅，中有兵部尚书张鹤鸣，下有前线的王化贞，形成了反对熊廷弼的阵营。

在此，有必要搞清楚沈潅是什么人。沈潅，字铭缜，浙江湖州乌程县人，万历二十年（1592年）会试三甲赐同进士出身，随后又以庶吉士身份得入翰林院。这一步很重要，当了庶吉士才打开了日后进内阁的大门。沈潅因为与首辅方从哲祖上为同乡（方从哲祖籍浙江德清，军籍北直隶人），颇得方的赏识，多受提携，一路升迁，官至南京礼部侍郎，主持礼部工作。万历末年，经方从哲及同党亓诗教等人的推举进入内阁。

由这些经历可知，沈潅为浙党中人，可视为方从哲势力在内阁的后继代理人，故沈潅厌恶熊廷弼的态度就不令人意外了。方从哲一方还有一名健将——姚宗文。姚宗文在辽东与熊廷弼闹掰，在熊廷弼第一次经辽倒台的过程中扮演了重要角色。因此第一次倒熊的时候，阁臣沈潅起了什么作用就不言而喻了。沈潅日后还会继续对熊廷弼下黑手，此处先按下不表。

想当年熊廷弼与亓诗教处于同一阵营，在捍卫汤宾尹、"荆熊分祖"等事件中共同进退，彼时齐、楚、浙三方人马联合起来与东林较劲，何等同仇敌忾。没想到仅仅十年光景，这个阵营便分崩离析，如今熊廷弼已成为浙党打击的对象。所以明末的党争，总是在浮浮沉沉中分化组合，不能一概而论。

围绕在沈潅、张鹤鸣、王化贞周围，庇护王化贞、攻击熊廷弼的还有太仆寺少卿何乔远、太常寺少卿杨道寅、河南道御史张捷、吏科都给事中薛凤翔、广西道御史李应荐、御史徐景濂和苏琰等。这一派多人日后投入阉党。

另一边，熊廷弼的背后势力明显以东林党为主，如刘一燝、周嘉谟、甄淑、江秉谦、刘弘化等。某种程度上，此时的熊廷弼已经得到了东林党的接纳或庇护。

那首辅叶向高呢？他站在哪一边？史论有人说叶向高为王化贞的主考官，因此偏向王化贞，也有人说叶向高比较中立。

事实上，叶向高在这两派中还是偏向王化贞的，只是并不明显，很多时候仍然做出一副持平的姿态。为何这么说呢？从一开始起用熊廷弼到镇江大捷，这段时间叶向高并不在朝，等镇江大捷，叶向高到京履职之后，就为王化贞、毛文龙说话了。

叶向高在天启元年（1621年）十月的一份奏疏中，态度鲜明地支持毛文龙。当时他还在去北京上任的路上，奏疏先以"用兵之道，贵在出奇"表明态度，接着说：辽阳失陷，就是只知道用正不知道用奇，所以一败再败，不可收拾。然后话锋一转，把话题引向了国力的问题。他分析大明朝现状，因为征兵征饷，民力已竭，援兵又四处逃亡，导致各地不稳定因素凸显，以至于"奸民闻风，相率继起，似皆视辽阳成败以为顺逆"[①]。最后，他总结说：虽然不知道毛文龙能不能成事，但做总比不做的强，因此应该鼓励他们，而不是拖后腿。

到了十二月，针对经抚不和，叶向高又有一疏，照例先说了一堆场面话，但场面话之余他还是有几句话的立场颇为鲜明。他认为国家每年耗费数千万银钱，招兵10余万，仍然无法压制努尔哈赤，而毛文龙以200人捉拿斩杀几个人，虽然难说有什么功

---

① 《熹宗哲皇帝实录》卷一五天启元年十月十三日条。

劳，但怎么也称不上有罪。说他的行动破坏了"三方布置"，但"三方布置"又有什么具体计划呢？说他导致辽人被屠杀，那之前辽人被屠杀又是因谁而起？毛文龙是王化贞的干将，肯定毛文龙，就是肯定王化贞，叶向高对此事的态度没有任何遮掩。

叶向高在自传中写下了对熊、王二人因毛文龙所起争执的看法：熊廷弼以毛文龙是巡抚王化贞的人，所以妒忌王化贞的功劳，弹劾王生事挑衅，想置之于死地，这很不公平。因是自传，所以这些记载颇能体现叶向高的真实想法。

但叶向高之偏向也仅仅是表个态而已，尚未到只以党派而论。他对王化贞跃跃欲试以渡河一战平辽的想法也是极不看好，遂写信劝王化贞不可轻举妄动，明说李永芳内应不可靠，蒙古人助拳也不可靠。

综观叶向高的态度，他还是以国事为重的，毕竟他的出发点是点明国力疲弱，已经无法扛住经久不停的兵、饷事务。某种程度上讲，叶向高的态度代表了朝中风向，这股风向也是左右经抚不和的重要砝码。

前文讲过，王化贞与熊廷弼最大的差别是王化贞主攻而熊廷弼主守。在当时的辽东军事局面下，明眼人都能看到，以明军的实力想要进攻后金、收复辽沈是非常不现实的。萨尔浒之战、辽沈之役，明军即便动员了浙军、川军、西军的精锐，还是全军覆没。经历两场大战，全国精锐一败涂地之后，明军还能有击败后金、收复失地的可能吗？

这么简单的问题王化贞始终想不明白，还抱有幻想，全因连续多年的边境战争，让明朝本来就捉襟见肘的财政无法承受，各地调兵也造成了地方骚动、民心不稳，朝廷已经出现了许多要求尽快结束辽东战事的声音。

在辽东经抚不和渐入高潮的天启元年（1621年）九月，御史徐景濂一针见血地指出进攻的迫切：谁不知道正招是求稳，但时势不许啊。如果真等到凑上30万大军，那军饷不得上千万了，还要几年光景，谁受得了呢？与他意见相同的还有刑科右给事中孙杰、礼科给事中李精白、太仆寺少卿何乔远等人。

辽东战事不仅仅是钱的问题，四处调兵有逃跑的，有骚扰地方的，有哗变鼓噪的，已经惹得天下骚乱。如陕西游击陈愚直领陕兵逃于临洺，宁夏守备李永培领宁夏兵逃于三河，土兵把总陈必显领麻镇五寨司土兵掠于襄阳等。

如果说以上这些还算小患，那么在重庆，大臣们担心的因兵致乱真的发生了。四川永宁司宣抚奢崇明赴辽东官兵两万，奢崇明的女婿樊龙、部将张彤领兵进驻重庆，因不想赴辽，在九月十七日，于巡抚徐可求阅兵时突然发动叛乱，杀徐可求等军政官员20余人，举兵造反，持续6年的奢安之乱就此爆发。

这样一来，大明的局势相当于按不下葫芦又起了瓢，只有支出没有收入。进入十一月，主战一方话语声量更大，纷纷指责前线保守，敦促尽快解决辽东问题。

众大臣都将奢安之乱与因辽东而造成的财政枯竭、征兵联系起来，认为辽东久而不决将会动摇国家根本。在这种大背景下，特别是镇江大捷后，朝廷中反对熊廷弼的力量开始占据上风。

朝野舆论一形成，王化贞立刻趁机上疏，誓言以六万大军就能一举荡平后金。他敢放如此豪言，还因为此举从长远来看可以为朝廷省钱。

王化贞"以六万军平辽"的奏疏就如压垮骆驼的最后一根稻草。眼下有一位有业绩、有目标、有路径，还节省费用的王巡抚，那为什么还不全权委任他来试试呢？日后还有一个号称"五年平辽"的督师，大明朝不也让他试试了吗？这都是钱闹的。

如此这般，经、抚间的天平逐渐倒向了王化贞一边。熊廷弼看到王化贞大言"六万军一举荡平后金"的时候，再一次忍不住跳出来打赌似的奚落：请王化贞火速进兵，赶紧把我给"炒"了吧，以免折损将士们的士气。

争吵在天启二年（1622年）农历新年来临之际达到高潮。既然脸皮已经撕破，朝廷必须给个说法，于是内阁命召开九卿科道会议，彻底解决这一问题。

一月十二日，九卿科道会议召开，兵部尚书张鹤鸣主持，与会各方坦诚且热烈地阐述了各自的观点，大体分成三个阵营：支持王化贞的、中间派、支持熊廷弼的。

偏向王化贞的不少，总计27人，如王纪、黄克缵、董应举、蔡思充等。中间派有52人，如侯震旸、惠世扬、周朝瑞等。支持熊廷弼的极少，严格说来只有两个人，即李精白和徐扬先。

事到如今，投票结果是王化贞胜。接下来就是吏部与兵部商量如何办。结果是赐王化贞尚方剑，命其专管广宁事，熊廷弼改用他任。

如果这个会议早一个月举行，熊廷弼便能逃出生天，但命运之神这次没有再站在熊廷弼一边。正当兵部、吏部的商议结果还没成为正式旨意的时候，800里外的广宁却渔阳鼙鼓动地来——后金铁骑渡河了。

八、广宁溃

王化贞敢于放狠话用六万人马平辽，也不仅仅借助林丹汗，还有其他妙计，就是策反一些投降了后金的前大明将官，与其暗通里款。在这条计策中，关键人物是已经成为努尔哈赤孙女婿的李永芳。

李永芳是原来的抚顺游击，万历四十六年（1618年）四月在抚顺开马市，被努尔哈赤乘虚而入夺取了城池，也就投降了女真。他是第一个投降的大明高官，努尔哈赤给予了很高的待遇，把一个孙女嫁给了他，因此李永芳在后金被称为"额附"。

得到李永芳，对后金是一件大好事。努尔哈赤可以通过他掌握大明的底细，也通过他帮助制定了一些规章制度。李永芳之于努尔哈赤有着举足轻重的作用。

王化贞以李永芳为目标进行策反也算是直击要害，毕竟在那个时代，双方的汉人将领被策反往来也是稀松平常的事，更何况也有镇江策反中军陈良策，从而一举擒下佟养真的经验。

王化贞打这样的小算盘很正常，但他忘记了一件事：李永芳不是别人，他既是后金的额驸，还是后金谍报秘密战线的第一号人物，后金对明朝的谍报活动全由李永芳掌握。他的工作非常高效，仅仅在《明实录》中，就4次出现李永芳派遣或者发展间谍的事件。除此以外，他还承担着对辽东明将的渗透策反工作，同样卓有成效。他最重要的一次策反将会在广宁之战中产生奇效。

在刚刚投降那几年里，李永芳得到了后金十足的信任，位高权重。这样一个人如何能甘心"反正"呢？没想到的是，王化贞竟然得到了李永芳的回音。李永芳对王化贞说：要反也不能着急，不然会害了我一家性命，要到关键时候，也就是明军进兵的时候一举起事。他甚至跟王化贞商定了具体细节："待临阵时，正兵向前，奇兵出后，我以白标为号，从后杀将去，东必大败，可立复辽阳。"①

不仅如此，李永芳还提醒王化贞，千万别用西兵（延绥、宁夏等镇过来的兵将），因为他们擅于临阵脱逃，例如朱万良领上万骑兵，见到几百后金兵就跑了。李永芳还以辽阳库银80万两利诱王化贞，以图赎罪。

谁看了这样的谋划会不动心？李永芳可谓搔到了王化贞的痒处，难怪王化贞对此深信不疑。但实际上，在王化贞派人联系他的时候，李永芳转头就将此事报告给努尔哈赤，并且献上了一条毒计：你不是来策反我吗？来而不往非礼也。他反过来把广宁游击孙得功给策反了。

正当王化贞梦想着依靠蒙古和李永芳取得辽沈大捷之时，努尔哈赤大旗一挥，八旗倾巢而出，在天启二年（1622年）正月二十日踏着辽河冰面渡过辽河，大举来袭。

对后金的动向，明朝一方也并非毫不知情，辽东监军方震孺在月初已经发现了后金进犯的企图，八旗已经发兵海州、逼近牛庄，且都带有攻城器械。方震孺把军情上报北京，并且提出应对五策。但因为之前也曾多次有类似警报，因此广宁方面并没有将此视为迫在眉睫的入侵，所谓应对，只是"用杂不如用精""用短不如用长""用旧不如用新"等空泛的大方针，并没有军事部署上的应对。皇帝对此也是糊弄了事，丢给兵部处理。

王化贞也上疏汇报敌兵临河欲渡的情况，但他除了做一些常规性的部署，比如发辽兵义勇五营和巡抚标兵给西平堡刘渠，鼓励部下奋勇作战外，就只剩下借机向朝廷要粮请饷。王化贞绘声

---

① 熊廷弼：《与长安公书》，载《熊廷弼集》，第1112页。

绘色地向皇帝描述辽东兵将衣不遮体、食不果腹的情况，表示不发粮草，这个冬天就过不去了。

但这是前线的重点事务吗？后来努尔哈赤在大凌河缴获的粮食足足有50万石，辽东足以支应3个月，这还没有算上广宁战后辽东走廊数十堡垒中被烧毁的粮草，可见辽东粮草还是非常充足的，不可能存在饿肚子的情况。此时向朝廷要粮饷，简直是抓大放小、不得要领。而且此时北京正在为经抚不和开会，根本顾不上前线的敌情。

后金军过河之后，继续使出围点打援的老套路，首先围攻西平堡。西平堡由副总兵罗一贵、参将黑云鹤率三千兵马守备。双方交战，黑云鹤出城迎敌，兵败阵亡，后金军继而围攻西平堡达一日一夜。

广宁方面听闻后金军围攻西平堡时，孙得功向王化贞献计，要发兵前往解救。王化贞把广宁军全部交给祖大寿和孙得功，二人率军与刘渠、祁秉忠等合营，总兵力约有三万。大军进至沙岭平阳桥与后金军相遇，双方刚刚交战，刘渠进兵时，被部署在侧翼的孙得功突然反水。孙得功率军向后奔逃，并高呼："兵败啦！"

刘渠仍想找机会扭转局势，但为时已晚，祖大寿、金砺等将也撒丫子逃跑，全军随着孙得功部反水土崩瓦解，刘渠、祁秉忠等皆阵亡于乱军之中，三万明军全军溃散。孙得功在前线得手后并不停留，一路奔回广宁，骗开城门，率乱军入城直捣府库，控制了府库后，又四散前线失利的消息，煽动军民剃头归降。

此时，王化贞刚刚起床，城中已经乱成一锅粥了，他的命令连大门都出不去。王化贞如热锅上的蚂蚁，幸得来自西军的将领江朝栋闯入王化贞住所，高呼大势已去，让王赶紧跑路。但此时马厩里的马又被手下哄抢一空，王化贞两腿打战，路都走不动了。江朝栋只得把他推上马。王化贞临走还没忘收拾4箱行李，用两头骆驼载上逃出府衙，跟在王化贞周围的只剩两名家仆。

一行人走到城门，被叛军截住。他们搜查了王化贞的行李，并夺去一驼。王化贞连忙解释，这不是什么财物，只是衣服书籍而已。叛军恼火，上来就打，王化贞的仆人被打得头破血流。

正当王化贞受小人欺负、进退维谷之时，还是江朝栋率领十几名家丁及时赶到，砍出一条血路，这位巡抚大人才得以逃脱。王化贞处处偏袒、倚重辽兵辽将，看不上西兵，但没想到最后时刻来救他的还是西军将领，这不得不说是一种讽刺。

与此同时，熊廷弼也得到了前线大败的消息。他率领手下五千兵马离开右屯进抵离广宁不到20里的闾阳驿。在此，监军道邢慎言劝他进军救广宁。是进是退，可能是熊廷弼一生中最重要的一个决定。

此时的战局又是怎样呢？整个广宁前线已经处于雪崩状态：王化贞招到广宁的蒙古人已经失去控制，三五成群四处劫掠，各路败军四散奔逃，数以十万计的百姓扶老携幼向西走避，路上"遗弃幼小于途，蹂践死者相望"[1]。这就是当时熊廷弼见到的情况。

而他不了解的情况是，此时后金军因为前一日的沙岭大胜，正在沙岭杀牛祭旗，此后两日，努尔哈赤一直待在沙岭，接受各地明军将官的请降，直到正月二十四日才在黄土铺地、鼓乐喧天之中进入广宁。

也就是说，熊廷弼到达闾阳之后，有两天的时间窗口进军广

---

① 《明季北略》卷二，第33页。

宁平叛。假如熊廷弼此时进军广宁，能否夺回广宁，甚至在两天之后迎击努尔哈赤亲率的大军，守住广宁呢？

要回答这个问题，得看在闾阳发生了什么。一月二十三日，熊廷弼在闾阳等到了王化贞，两名已经翻了脸的辽东大佬，此情此景下相逢，可谓百感交集。王化贞哭丧着对熊廷弼讲述了广宁发生的事情，熊廷弼与王化贞同哭一处，且安慰对方，建议一起退到山海关再做打算。

有史料称，熊廷弼在此时忍不住反唇相讥："六万军荡平辽阳，竟何如？"[①]《明史》也取信于这个说法。熊廷弼此时的心情可想而知，颇有一种不用老夫之言，活该大败的扬眉吐气。以他尖酸刻薄的脾气，忍不住说一两句风凉话，也在情理之中。

王化贞一脸惭愧，与熊廷弼计议守卫宁远和广宁前屯。熊廷弼否定了王化贞的想法：晚啦，如果不是你贪功冒进，守住振武堡不撤，事犹可为，现在兵败如山倒，大势已去，只有护送百万百姓入关，不要资敌已经不错了。

这段对话，相当于熊廷弼决定撤守关外，不救广宁。这一决策日后争议极大，也是导致熊廷弼传首九边的主要原因。那么到底是什么驱使熊廷弼做出不救广宁的决定呢？

熊廷弼弃守辽西的主要原因有两个。其·就是兵败如山倒，熊廷弼看到军民汹汹向西的情景，便知事不可为。其二是部下兵将士气已丧，不愿进军广宁。其实在二十一日，熊廷弼得到邢慎言进军广宁的建议后，就和部下将领商议进退部署，部下兵将都说要撤："（将领们）大约谓十万之兵马一朝俱尽，满城之官民

---

① 《明季北略》卷二，第33页。

半晌俱奔，业已无可救援者，不如移师防西人护民行也。"①

熊廷弼知道封疆的责任，认为不能就这么轻易退走了，但部下官兵不干了，恐生出哗变："然而所随五千人马不得食已两日矣，见广宁军民纷然西走，皆蠢蠢欲动，诸将恐其变，复请臣行，臣犹对胡、韩两道叱拒之。意欲过夜始行，亟命两道亲出行营，多方抚慰，而两道见兵心动，不肯留，乃反命曰'可行矣'，而臣始行。"②

由是，熊廷弼放过所有军民后，与王化贞一同出发撤往山海关。考虑到山海关要面对数以十万计的败军与逃民，需要及早安排，因而熊廷弼把兵马交给王化贞殿后，自己先行轻骑到关，安排军民入关事宜。

明军徐徐退去，后金军也未追来。殿后明军为免资敌，沿路放火，将锦州、铁场、大凌河、锦安、右屯卫、团山、杏山、松山等40多座城堡以及大量物资粮草付之一炬。明朝历时数百年，花费巨资修筑的辽西走廊防线一夜之间化为乌有，广宁之战就此落下帷幕。

历史没有假设，许多人认为熊廷弼应该尝试收复广宁，再不济还可以用王化贞之计守宁远、前屯，保住关外战略缓冲带。但现实情况真不是纸上谈兵者可以了解的。大势已去之时，部下兵马军心浮动，恐怕熊廷弼指挥部下进兵广宁之日便是兵马一哄而散之时，难不成要他一个光杆司令去广宁送死吗？

也许熊廷弼一人独守闾阳，战死或者如广宁兵备道参政高邦佐那样自经而死，对于朝臣来说才是最完美的结局，就如日后审

---

① 熊廷弼：《辩张本兵疏》，载《熊廷弼集》，第667页。
② 同上。

理熊、王二人的案卷中所说的："廷弼试扪心一思：比之杨镐更多一逃，比之袁应泰反欠一死。"①

① 《熹宗哲皇帝实录》卷二一天启二年四月十七日条。

第七章 鹤知夜半，廷弼之死

天启二年（1622年）正月二十七日，北京城大雪纷飞，广宁失守的消息传来，朝堂内外一片恐慌。到了中午，大内突然传旨召对，张鹤鸣本卧病在家，连忙令家人搀扶入宫。内阁叶向高等5人加兵部堂官，左右侍郎王在晋、张经世面面相觑。

王在晋对叶向高说：皇帝此时召对，会扰乱人心，赶紧让内监劝阻。但已经来不及了，内监还没进屋，圣旨已经传出。于是科道九卿，中央全体官员都入紫禁城商议。

朝堂上议论纷纷，莫衷一是，直到傍晚才散会。众大臣聚集在皇极殿门外开起了小会，给事中刘弘化高呼兵部主战者当斩——这是冲着兵部尚书张鹤鸣去的。张鹤鸣捶胸顿足，要与其理论。

王在晋连忙居中拉架：都别吵吵了，我不像经略那样怕死，愿到关上御敌。这倒刺激了张鹤鸣，只见他痛哭流涕地表态愿以本兵视师山海关。小皇帝很高兴，立马为张鹤鸣加衔太子太保，赐蟒衣、玉带、尚方剑，发帑金30万两解至山海关。

同时，天启发下重赏：擒获努尔哈赤者封公，获其儿子者封侯，俱予世袭，如擒获各头目及叛逆渠魁亦准封伯。也就是说能解决后金者，皇帝不吝公侯之赏。这闹哄哄的一天结束了，与此同时，熊廷弼正在山海关内写下请罪奏疏。

熊廷弼是在北京得到消息前一天回到关上的，王化贞不敢回关，只待在前屯，二人身处两地，都在等待发落。熊廷弼一入关就上疏请罪，但请罪之余，仍不忘为自己辩解，说自己职权架空，只能负领导责任。前前后后奏疏不停，争辩不止，他先后上《封疆已失疏》《辽事是非不明疏》《请发从前疏揭质对疏》等6道奏疏，虽嘴上认罪，但心中不服，也不甘心就此束手就擒。

而在朝堂上，众臣围绕熊廷弼、王化贞孰是孰非分成两派，争辩不止。

这场封疆案，在明末的政局中，成为最典型的"囚徒困境"场景，双方都以"出卖"对方，置诸死地为己任。混斗持续了5年，直到两方决战，结果以东林党覆灭、熊廷弼传首九边而告落幕。

从天启二年（1622年）正月二十三日，直到天启五年（1625年）八月二十六日，这3年零7个月里，熊廷弼身陷囹圄。他不过大棋局中的一颗棋子罢了，命运随波逐流，已不是他能左右的了。

一、戴罪立功？

熊廷弼回到山海关后，给皇帝上了一份请罪奏疏，说自己身负大罪，已经在准备囚车，只等将数十万乱军难民安置好，就把自己装进囚车前往北京服罪。朝廷的回旨是："封疆失守，熊廷弼罪将何辞？姑准戴罪守关、立功自赎。"[1]他被准戴罪守关，朝廷还敦促他出关收复失地，以立功赎罪。

如果仅看正月底到二月初这十几天情形，深陷危机的熊廷弼仿佛还有一丝希望。

---

① 《熹宗哲皇帝实录》卷一九天启二年二月二日条。

正月三十日，也就是熊廷弼到关后发出请罪疏的第二天，礼部主事刘宗周上疏请求夺去熊廷弼尚书衔、蟒玉，以都御史衔戴罪关外以正欺君误国之法。天启下旨称刘宗周乘机渎奏，语言无忌，姑且不究。

这是一个非常有意思的处理。刘宗周的意思到底是什么呢？如果仅仅从表面看，刘宗周是主张要惩罚熊廷弼的，但是其言语隐约有让熊廷弼在关外守住防线的意思。天启的斥责就非常耐人寻味了，到底是斥责刘宗周要夺去熊的尚书衔、蟒玉，还是让熊以都御史衔戴罪关外呢？此处先不论，接着往下看。

接下来一段时间就看熊廷弼能否抓住戴罪立功的机会。戴罪自不用说，立功，应该如何立？守住山海关、稳定局势算不算功？朝廷诸公与熊廷弼对此有分歧。

到了二月，兵部左侍郎王在晋请求让熊廷弼出关收复宁远、广宁前屯的失地，朝廷回复命熊廷弼出关防守，也有收复失地之意。王在晋在疏中把将功赎罪的意思挑明了，指出出关收复失地才有一条活路："经臣以此自赎，于法可宽，必不以臣言为浪漫也。"①

天启那边的态度似乎有了点松动，回复允其赎罪："这经、抚、道、将各官都该拿问正法。尔部既这等说，便马上差人传与他，每责令出关防守收复，姑准赎罪，国法已宽，如再违玩，决不轻贷。"②如果留意回复的措辞，可看出这不应是内阁拟旨，当是天启原话。

毕竟辽东关外还有大片土地，后金军前锋最远到达了宁远，

---

① 《三朝辽事实录》卷七，载《先清史料》，第168页。
② 同上。

只是几个游骑晃荡一圈就退回去了，觉华岛还有米豆26万石足以供应出关兵马。叶向高也还想尽力拉熊廷弼一把，出关的做法，在当时看也的确是赎罪的方式。他给熊廷弼带信，催促他出关，以图赎罪，话说得直白："不出，则于法无贷，吾再不能救护等语。" ①

如果此时熊廷弼出关，他还能有一线生机吗？实则不然。

再看看监军御史方震孺的经历。方震孺在兵败后先被圣旨严厉责备，但他一直没有入关，单枪匹马巡视了几乎逃空的宁前一线，并组织了宁前的防守，按住祖大寿，不使其降后金，又保住了觉华岛、芝麻湾等地数十万粮秣，这不是妥妥的将功赎罪吗？皇帝（内阁）还以"方震孺挺身出关，亦见慷慨"②来勉励之，后来他还得到了孙承宗的全力保荐。

纵然有这样的表现，方震孺仍然长期系狱，被问罪追赃，最后仅以身免，勉强保住一条性命。一个没有丢失封疆责任的监军御史况且如此，更何况经略、巡抚呢？

熊廷弼也深知这点。他对叶向高说：我没听说过出了如此大事却不抓封疆大吏的。熊廷弼说得没错，当后任官员未选出、前线未有人替代时，在任罪官都不会被逮执。

大明朝对丧师失地的文武将官，历来非常严厉。嘉靖朝庚戌之变，俺答汗入寇北京城下，时任兵部尚书的丁汝夔为此负责，丢了脑袋；援朝之役，兵部尚书石星主和，前线防备松弛导致大败，石星被革职下狱，结果瘐死。远的不说，就说与后金的边境战争，已经有一个经略杨镐、一个巡抚李维翰、一个总兵李如桢

---

① 熊廷弼：《与叶相公》，载《熊廷弼集》，第1146页。
② 《熹宗哲皇帝实录》卷一九天启二年二月十七日条。

因为丧师失地入狱戴罪。

所以，熊廷弼上疏请罪和朝廷安抚回复都是固定程序，至于叶向高，其对熊廷弼的态度是很矛盾的。但是，日后他也一而再再而三地保熊廷弼，甚至在逮捕王化贞的次日，他还在票拟中要留用熊廷弼，不过被天启阻止了而已。

客观说，如果熊廷弼出关稳定局面，将宁远、前屯等地整饬一番，倒也算尽到亡羊补牢的责任。张岱就认为，救水救火，是紧急万分的事，容不得人还考虑是非得失。

只是此时熊廷弼已经完全放弃，满脑子只有一种"如果我出关，实际是救王化贞"的执念：关外是巡抚守地，让我出关代他赎罪？没门。熊廷弼倒也干脆，与叶向高摊牌：如果罪犹可赎，倒不妨勉强立功赎罪；如果罪不可赎，那无论他做什么，都不过是等死罢了。

熊廷弼又给内阁写信：听闻有人说我很得人心，但性子又不肯受辱，怕逼迫之下我会闹出乱子，所以先行稳住我，再想办法抓我——这让我非常忧心，竟然有人怕我生叛乱之心，这不是要将我往死里整吗？

话锋一转，熊廷弼又承认自己的确深得民心，军民都关注他的去留，因此自己只得趁着夜色离开，不让人看到。他不敢回乡，又怕逮他的人要跑数千里之远来抓人，只好就近居住，听候发落。

他在接了回籍听勘的旨意后，就真的没有回湖广，而是跑到密云住着，一方面方便打探朝中消息，另一方面也方便他上疏和写信联络朝廷众人。这也成为政敌指责他违旨的理由之一。

这一时期，熊廷弼三番五次上疏，无非是在争辩责任。他始终觉得，广宁之败的责任只在王化贞、张鹤鸣，前者是前线总指挥，所有布置、指挥都是王化贞在操作，后者则在朝堂上对他处处掣肘，他已经是被架空的经略。

而且关键的一点是，最初对熊廷弼的经略任命，就是让他"驻劄山海"，坐镇边关节制三方。现在他坚定地认为，关外就是王化贞的责任，而他只要保住山海关，便完成了自己的职责，无论如何也不可能是丢失广宁的直接责任人。

二、殊途同归

丧失封疆这么大的事，以明末混乱不堪的政局而言，岂能不引起一番混斗。事发之后，阁臣、兵部的要员们是不能下场纠缠的，他们只会公忠体国、老成谋国，兴师问罪自然是科道官员的事。

二月二龙抬头，兵科都给事中蔡思充打响了第一枪，弹劾王化贞、熊廷弼、高出、胡嘉栋等四人。蔡思充认为，王化贞是跑不掉的，而熊廷弼当与抚臣并坐。高出、胡嘉栋已不是第一次了，一逃再逃，应先将他们抓起来。

蔡思充作为兵科都给事中，纠劾丢失封疆的官员是本职。他的劾疏意思很明白，就是把王化贞、熊廷弼拉到一起，二人功罪一体，要杀要剐也要在一起。

很快，皇帝命锦衣卫赶紧将高出、胡嘉栋抓来。回复中还颇为恼怒地说了一句："年来法纪不行，边臣偷玩，遇敌逃奔，罪在不赦。"[1]至于熊、王二人，暂且不动，因为当时仍在让他们戴罪守关、立功自赎。

---

① 《熹宗哲皇帝实录》卷一九天启二年二月二日条。

反熊阵营打响头炮，挺熊阵营只能接战。后者的策略是围魏救赵。熊廷弼的铁杆拥护者、御史江秉谦上了一疏，为熊廷弼喊冤，说熊廷弼实际上被架空，为何被架空？皆因王化贞背后有个张鹤鸣，此人正是架空熊廷弼的幕后黑手。

同时他还揪出了职方郎中耿如杞，说他与王化贞是老友，在兵部中没少给熊廷弼添乱，所以广宁之败就是这三位的"锅"。

除了江秉谦，大嗓门刘弘化也一同上疏，讲的也是这个意思。二人作为挺熊的先锋，揪着张鹤鸣不放。结果，揪熊廷弼的蔡思充意见被采纳，围魏救赵的江秉谦、刘弘化被打板子。两板子打下来，江秉谦扣半年工资，刘弘化扣3个月工资。为何会这样呢？难不成皇帝的态度明确了，要收拾熊廷弼了吗？

皇帝在科道官员纷纷上疏之时，给吏部、都察院下了一道谕旨：昨天张鹤鸣才自请出镇，怎么能在这时候反咬张鹤鸣呢？所以皇帝骂江秉谦妄言乱政、结党营私，一点不体恤国家急难。

原来如此，江秉谦、刘弘化二人的确有点自找没趣了，张鹤鸣刚带着皇帝的期许去山海关视师，此时指责他显然不是时候。

过了几天，二月十一日，通政司右通政许维新、朱一桂，大理寺左少卿冯从吾，太常寺少卿董应举，太仆寺少卿何乔远合疏请逮熊廷弼、王化贞，是为"五少卿疏"。

五少卿疏两日后，御史贾毓祥疏劾王化贞、熊廷弼，请逮二人，否则以后没人死战，兵溃习以为常。前面多次交锋，皇帝都按下不表，这一次突然下令，抓王化贞，勘熊廷弼。

对王化贞、熊廷弼二人的区别对待，在朝廷引起轩然大波。御史徐景濂、马逢皋相继上疏，主旨都是批评朝廷处理不公平，抓王化贞不错，但二人功罪一体，凭什么熊廷弼只是停职待勘？

这份票拟出自叶向高之手，他在日后解释自己的票拟目的并非救熊廷弼，而仅仅在等新的经略接替熊廷弼罢了。

正当朝议汹汹，蓟辽总督王象乾又有一份奏疏到了，给人一种熊廷弼可能会留任的印象。果然，第二天，挺熊的另一员大将礼科右给事中周朝瑞上疏，恳请留用熊廷弼戴罪立功。据王在晋记述，有阁臣票拟"留着用"，这阁臣是谁呢？还是叶向高。据说天启看到这份恳请留用熊廷弼的票拟，勃然大怒，派太监问叶向高为什么这样票拟。叶回道："熊廷弼似胜王化贞。"太监如实上奏，天启奚落道："熊廷弼走得快，果胜。"[1]

叶向高对这事也有佐证。他曾在奏疏中提到，当时在周朝瑞奏疏上拟了留用，却被皇帝指责。事已至此，皇帝态度已经非常明确了，留用熊的议论方才平息。

接下来有几个人事任命值得一提：孙承宗晋大学士掌兵部事；王纪升任刑部尚书；以宣府巡抚解经邦为新任辽东经略，但解经邦一再辞任，皇帝一怒之下将其革职为民，永不叙用，转而以王在晋经略辽东。

有人逃避，又有人逆流而上。兵部有个小主事突然不请假也不报告，自己跑到山海关去了，说是有办法守住宁前。这人就是袁崇焕。如此鲁莽的举动反而得到孙承宗的认可，袁崇焕被升为山东按察司佥事、山海监军。另一个辽东悲剧人物开始登上历史舞台。

如果说前面的还是小意思，那接下来真正重要的人士登场了。孙承宗新官上任"三把火"，第一把"火"就烧到了封疆头上。三月初四，孙承宗上疏纠核一众大臣，其中最重要的要求是抓熊廷弼、王化贞："经臣熊廷弼、抚臣王化贞罪可详核、法当

---

[1]　《三朝辽事实录》卷八，载《先清史料》，第181页。

并逮，乞皇上毅然独断，应诛应斥，法不移时。"①时机已到，皇帝回旨，将熊廷弼下法司提问。注意，这时还不是抓人下狱，只是提到有关部门问话。

有说，孙承宗这份奏疏是导致熊廷弼倒台的最后一根稻草，又因孙承宗日后与魏忠贤一党不和，有人将孙承宗归入东林党，东林党杀熊廷弼一说便由此而来。

如杜车别在他所著的《明冤》中说："孙承宗在熊廷弼入狱定罪起到的作用，比邹元标等人更为关键……熊廷弼得罪太多人了，东林党他也得罪，阉党他也得罪。"②以其观点，杀熊廷弼，东林党即使不是主力，最少也是落井下石过的。

仔细分析一下孙承宗奏疏前后的事，非常耐人寻味。首先熊廷弼在朝中最大的后台——辅臣刘一燝一直在打退休报告，三月初一终于在上到第10份奏疏时被批准了。皇帝对刘一燝还算不错，按照惯例，给他加少师兼太子太师，荫一子尚宝司司丞，赐银币、蟒衣，遣行人护送，驿站沿途伺候。

到了孙承宗上疏这天，正好小皇帝开经筵讲读。这种场合通常也是亲近的大臣和皇帝的非正式会面，大家会交流一下时局朝政。会后，孙承宗疏至，疏中有一句话——"乞皇上毅然独断"③。意思是不要再咨询内阁的意思，皇上自己拿主意吧。然后，拿问熊廷弼的旨意就颁出了。

如果结合之前刘一燝求去，叶向高一再想方设法留用熊廷弼分析，可见，内阁中叶向高、刘一燝等人还是对捉拿熊廷弼产生

① 《熹宗哲皇帝实录》卷二〇万历二年三月四日条。
② 杜车别：《明冤：毛文龙、袁崇焕与明末中国的历史走向》，中国发展出版社2019年版，第62—64页。
③ 《熹宗哲皇帝实录》卷二〇万历二年三月四日条。

了一定的阻力。

孙承宗为帝师，曾教导过天启，深得皇帝信任。因此，他的这份奏疏，对天启是极大的支持。合理猜测，在那天的经筵上，皇帝极有可能授意，或者君臣二人达成了默契，至此，惩办熊廷弼才提上了日程。

朝廷组成了辽东封疆案"专案小组"，由新任刑部尚书王纪、左都御史邹元标、大理寺卿周应秋会审熊、王二人。此处三人都有讲究。邹元标、王纪皆是日后《东林点将录》中所载人物，邹元标号称"行者武松"，王纪名为"拼命三郎石秀"，可见都是东林中坚人物。周应秋则是崇祯朝钦定逆案中被定为第四等的钦犯，位列"魏忠贤五虎、五彪、十狗"中"十狗"之首的人物。"专案小组"中还有一些副手，比如日后也是东林骨干的刑部主事顾大章。此事未来两党势力都有参与其中，但东林色彩更浓重一些。

四月初一三司升堂，因为是第一次审问，阵容非常庞大，十三道御史、刑部十三司、大理寺属官均在场。果不其然，熊廷弼在审理时也是揪着职责不放：本来我驻防在山海关，现在山海关保住了，怎么能说我有罪呢？至于王化贞，他始终推卸责任，说熊廷弼不来援救，导致广宁失陷，所以这罪是熊廷弼的。

到了四月初九，三司再度会审二人，这次是几位要员出马。谁能想到，第二次会审，熊廷弼竟然又失控了，都大祸临头了，还在纠结旨意对他是听问，不是审问，所以不能关押他。

从头至尾，熊廷弼怕是都不认为自己有什么罪过，也觉得朝中有人帮衬，不至于死，也可能他料定自己必死，说什么都没用，于是宁可站着死，也不受辱于狱吏，否则他何以莽撞到这种程度。但他在狱中还一直巴巴地指望有人来搭救，显然他更倾向于以为自己罪不至死。只是他在深陷危机时的所作所为实在让人非常迷惑。

熊廷弼立刻就给皇帝上了一份奏疏，仍在争论体统，说自己还是朝廷大臣，法司这样对待他不成体统。试想一下，面对这样又臭又硬的石头，皇帝看到会是怎样一种感受？

四月十七日，"专案小组"对二人收网定罪，直接给熊廷弼判处死刑：

> 胡不引从前经略观之也，比之杨镐更多一逃，比之袁应泰反欠一死。若厚诛化贞，而廷弼少及于宽，罪同罚异，非刑也。不唯无以服天下万世之心，恐无以服杨镐、袁应泰之心矣！①

> 奏入，奉圣旨：熊廷弼控制无方，王化贞弃城不守，以致河西失陷，内地震惊，且当封疆多事，正中外观望之日，情罪即殊，法难悬异，会同覆审既明，俱依拟。②

判决书说了哪些关键问题呢？因为王化贞的情况是板上钉钉的，所以主要笔触都是冲着熊廷弼去的。

第一，批评熊廷弼的态度问题。文中形容熊廷弼的态度桀骜不驯，也带有暗讽之意，如批评他天天上疏，什么都要争论一番，"今日一疏，明日一揭，笔锋舌阵，相寻不已"③。特别是罪名都已确凿了，到了会审的时候，他还喋喋不休、锱铢必较，

---

① 《三朝辽事实录》卷八，载《先清史料》，第202页。
② 陈建：《皇明通纪集要》卷四八，明崇祯刻本，第1102页。
③ 《明熹宗七年都察院实录》天启二年四月一日条。

总觉得自己什么都说对了，都是别人的错。

第二，批评熊廷弼的做法。熊廷弼应该在广宁起事之时，赶紧去平乱巩固，这样最起码可以坚守右屯，实在不行大不了以身殉国。但他却第一个跑了，就算有诸葛孔明的本事，也实实在在失了封疆。"即有盖世之气，料事之明，亦不足以赎丧师失地之罪矣。"[1]

第三，清算熊廷弼的责任。对王化贞应负的责任是毫无争议的，而熊廷弼坚持自己防区在山海关，这一认知在审判官面前没有一点作用。因为早有明旨表示二人功罪一体："封疆大臣，破坏封疆，国有定律，百口何辞，乃会鞫之日，刺刺不休，若谓不宜与化贞同科，讵知功罪一体，明旨昭然。"[2]而且熊廷弼在写给王化贞的信札里也说过这话，证明熊廷弼是非常清楚两人是一条线上的蚂蚱。既然如此，责任当然也是相同的，不分彼此。

实际上对于二人的责任朝廷是有过争议的。参与审理的刑部主事顾大章就认为，熊廷弼处处受掣肘，实在难以把罪过推诿于他，也不能否定他的先见之明。言下之意是，熊廷弼多次预言且说中事实，却受掣肘无法施展战略，责罚他难以服众。

第四是量刑问题，结果是俱坐斩，死刑。这是根据大明律例判的："凡守边将帅被贼攻围城寨，不行固守而辄弃去，及守备不设为贼所掩袭，因而失陷城寨者，斩。"[3]但这个判决的出炉，也经历了非常大的争议。

参与审理定谳的顾大章说，当时参与会审的台、部、寺共28人，意见相差很大，有建议从宽处理熊廷弼的，也有提出严惩

---

① 《明熹宗七年都察院实录》天启二年四月一日条。

② 同上。

③ 王廷相：《浚川内台集》卷一，明嘉靖十五至四十年刻本，第58页。

熊廷弼的。顾大章本人的立场是从宽处理，他称熊、王二人皆国之大臣，应在"八议"之列。所谓"八议"，是指八种特殊人犯罪，可以根据身份具体情况减刑。八种人是：议亲、议故、议贤、议能、议功、议贵、议勤、议宾。这里涉及面广阔，试问哪个明朝进士出身的士大夫既没能力，又无功劳？就算什么都没有，苦劳也是在议之列，几乎是个大臣都能议到里面。

不过也有人提出，借用苏轼大学士的"三杀三宥"。苏轼在考试的时候，引用上古尧舜时代的典故，即大臣皋陶三度要杀人，尧也阻拦了三次。大臣想借这个典故来表达要行仁政，以宽为主。

无论是"八议"还是"三杀三宥"，都是要宽恕二人，特别是要宽恕熊廷弼。当时主张宽恕二人的人里就有顾大章。天启二年（1622年）十月，御史杨维垣参劾顾大章，说他收了熊廷弼4万两银子，遂百般维护，为熊廷弼免死。当时皇帝下旨查明，不过也没查出什么，这也为日后埋下了祸端——熊廷弼贿赂求生，就是由此而起的。

关于熊廷弼的贿赂问题，大多是没有依据的猜测，最早来自一些官员对他在经略任上贪污的流言蜚语。张修德在天启元年（1621年）九月弹劾熊廷弼时说过："廷弼归而出其蠹金买好田园，屯歌儿舞女，尽可自娱。"①毕竟一年过手大几百万两的本折粮饷，谁能相信熊廷弼滴水不沾呢？

杀还是宽，谁主杀，谁主宽，是一个重要的历史问题。日后多数人认为是阉党杀了熊廷弼，但又有人根据审理时的人员配置，认为给定罪的是以东林党为主的"专案小组"。日本汉学家

---

① 《两朝从信录》卷二，第259页。

小野和子就持这种观点："作成这个报告的王纪、邹元标都是东林派人士，周应秋是后来被阉党指责的人物，是后面所述复社指导者周钟的伯父。"①

但从以上审理定罪的情况看，东林党未必是杀人之刀。第三者的许多说法都可以前后两样，文过饰非，但作为挨刀子的当事人，熊廷弼的说法就非常值得重视了。他在狱中曾给人写信，道出了他所指望的另一位朝中重臣——邹元标。熊廷弼在信中感谢了邹元标的多方维护，说道："今大老中知吾冤者，惟南翁而已矣。处可救之地，操得救之权，而又负能救之望，亦惟南翁而已矣。南翁不仆之救，而谁救仆？不南翁之望，而谁望哉？"②这位南翁就是时任御史台首座的邹元标，其号"南皋"。熊廷弼以南翁称之，可见熊廷弼对邹元标抱有极大的期望，竭力求救，不甘心、不想死之情溢于言表。

邹元标是没有什么争议的东林党重要成员，加上王纪、顾大章这些东林党人都在"专案小组"，这场封疆大案牵扯出了东林与其对手党派的激烈党争。熊廷弼被判死刑，不是事情的终结，而是大明朝历史中最具争议的大事件的开始。

三、党争大幕拉开

广宁封疆案是引发党争的导火索，如果说熊廷弼入狱之前，双方还算隐忍，各自维护自己人、攻击对方，那从孙承宗的奏疏

---

① ［日］小野和子：《明季党社考》，李庆、张荣湄译，上海古籍出版社2013年版，第208页。

② 熊廷弼：《狱中与某》，载《熊廷弼集》，第1152页。

开始，这场持续4年的党争就发展到了新的高度，双方开始互相攻击对方上疏的大臣，并陆续有大臣被劾去。

党争展开的节点，是周朝瑞和徐大化的互劾之战。天启二年（1622年）三月十一日，刑部员外徐大化疏劾熊廷弼失地丧师，理应正法，还弹劾周朝瑞疏留熊廷弼。周朝瑞上疏辩驳，又揭发徐大化自己不干净，做下不少违法的事。周朝瑞将战火引向了对方阵营。

周朝瑞，字思永，山东临清人，万历三十五年（1607年）进士，光宗时任吏科给事中，天启元年（1621年）又升为礼科左给事中。他的奏疏多是规正皇帝所作所为，要其亲贤臣远小人，因此他是不那么讨皇帝欢心的那种人。

他关于辽东军事的看法颇有见地。泰昌年间，周朝瑞认为辽东虽然有十几万人，看似不少，但分驻各路的并不多。他对于敌我的战守也有独特的看法，认为"贼来不敢攻，营不能久，非示弱也，苦于糗粮之间恐一旦食尽，为我所乘耳"[1]。所以他提醒不要因为对方不来进攻，就以为人家示弱，千万不能因敌人示弱而轻敌。周朝瑞所持观点是：辽事须谨慎，努力调兵筹饷，打持久战。这些观点与熊廷弼不谋而合。

当时，还是袁应泰经辽时期，根本没有熊廷弼与王化贞的经抚不和，说明这些想法都来自周朝瑞个人的认知，并没有掺杂所谓门户之争。那么日后周朝瑞支持熊廷弼，也就顺理成章了，毕竟二人的战略思想是相似的。

周朝瑞是众所周知的东林党，日后与杨涟、左光斗、袁化中、魏大中、顾大章同死于阉党之手，可以说属于东林党的核心

---

[1]　《熹宗哲皇帝实录》卷三泰昌元年十一月二十五日条。

团队。在封疆案中，他从头至尾都是支持熊廷弼的。

周朝瑞和徐大化有旧仇。在天启元年（1621年）四月，周朝瑞弹劾时任刑部江西司员外郎的徐大化贪纵之罪未果，徐大化一直在任，至封疆案二人再度发生龃龉，互相攻讦。

徐大化，字文明，浙江绍兴会稽人，万历十一年（1583年）进士。看籍贯就知道他属浙党。万历三十九年（1611年）辛亥京察，时任刑部主事的徐大化卷入党争，被评为"不谨"而罢官。日后徐大化随其门户投靠魏忠贤，成为板上钉钉的阉党。

在封疆案中，周朝瑞、徐大化两个属于对立阵营的大臣因新仇旧恨发生了新的冲突。如果说之前两党之间还顾着一点体面，没有牵连到与案无关的人头上，那这一次就是党争公开化的标志。

接下来上场的是刑部堂官王纪。他见徐大化屡次弹劾周朝瑞，就为同党出头，要罢免属下徐大化，并指徐大化"交结权党，诛锄正士，诚今日之蔡京也，何不明目张胆，出袖中弹文相击，乃与严气正性之朝瑞，相寻干戈耶？"[1]

谁是权党，谁又是蔡京？站在徐大化这边的御史杨维垣出手阻击：明人不做暗事，请把话说明白。王纪一不做二不休，再上疏参斥内阁大学士沈㴶，斥沈结交内官魏进忠（忠贤）罢逐顾命大臣刘一燝、周嘉谟，就像蔡京和童贯勾结，驱逐吕大防、苏轼一样。

这已经不是东林党第一次弹劾沈㴶。三月，给事中侯震旸就上疏劾沈㴶，指责沈㴶始借募兵求宠，知道皇帝想操练内军，就从浙江招兵数百送到大内，并通过这个途径结纳权珰魏进忠，

---

① 陈鼎：《东林列传》卷一五，江苏广陵古籍刻印社1983年版，第319页。

阿谀奉圣夫人客氏。这一奏疏算是把皇帝得罪彻底了：说沈潅可以，把魏进忠捎上姑且也罢了，但你没事把奶妈扯进来干吗呢？小皇帝一怒之下把侯震旸斥调外任。虽然大学士叶向高一再疏救，但也于事无补。

上一次只是给事中，这次到了刑部堂官出手，已经将斗争升级了。之前一直不显山、不露水的沈潅被人打到门上了，也忍不住跳出来反击王纪。七月初四，沈潅参王纪两大罪，一是佟卜年、杜茂等罪官拖时间不审理，二是保护熊廷弼，拖延时日不立刻行刑。

沈潅的反击都是很致命的，事关广宁封疆，击中的是王纪的死穴，也是东林的死穴。这次皇帝迅速出手了，先让王纪就佟卜年的问题回话。王纪回奏后被天启降罪，"上罪其违慢支吾，命黜为民"[①]。

如此迅速果断地拿下王纪，朝堂大哗，这也太牵强了吧，只以一个小案拖延就罢了一位尚书？阁辅叶向高、何宗彦、史继偕及九卿科道等交章申救，但皇帝一意孤行，所有回复就一句："王纪已有旨，不必申救。"

显然王纪是触了小皇帝的逆鳞，熊廷弼、佟卜年只是表面原因，实质上事情起于王纪参劾徐大化，徐大化打击的是周朝瑞，周朝瑞等人攀扯皇帝乳娘，也就牵扯到宫内之事。王纪在攻击沈潅时，又攀上了魏忠贤，还把魏忠贤、沈潅比作童贯和蔡京，那天启不就是亡国之君宋徽宗了？这样比喻，皇帝岂能不发飙呢？

接下来为了申救王纪，东林又赔上了太仆寺添注少卿满朝荐（削职为民）、新科状元文震孟、文震孟的同年兼同乡郑鄤（降

---

① 《熹宗哲皇帝实录》卷二四天启二年七月十一日条。

两级外调）、给事中傅櫆（本拟降调，从轻处罚罚俸一年）、御史周宗建（罚俸三月）。

这事还有一个后果。沈㴶闹出如此大动静，也待不下去了，在王纪去职后，沈㴶上疏告老，皇帝也准了。天启二年（1622年）这一场由熊廷弼引发的党派互攻，以双方各有一位重臣去职暂时落下帷幕。

有人罢黜就有人回朝，如之前因弹劾熊廷弼，或者力抵熊廷弼出任封疆的一些官员。五月，经邹元标奏举，给事中郭巩、魏应嘉，御史冯三元、张修德、刘廷宣等官复原职。这些人当初都是熊廷弼的政敌，邹元标竟然出面奏举他们，只能说南翁宰相肚量不小。

但这些人一回京，又掀起了一场争斗。郭巩九月复出，十一月便开始兴风作浪。他先是给皇帝上了一疏，说要严格执行保举之法，不然谁都可以保举，也不负责，朝廷的保举制度便失去了效用，皇帝点头称是。

看到皇帝首肯，郭巩得到鼓励，又上一疏，纠缠当年举荐熊廷弼的大臣。郭巩显然是有备而来，列出刘一燝、邹元标、杨涟、周朝瑞、周宗建等人，将他们定为"邪党"，将所谓中正人士一网打尽。南京御史涂世业也趁机而入，把矛头对准了周宗建。

这个名单里的人的确有举荐熊廷弼的官员，如刘一燝、周朝瑞，但说杨涟举荐，这就信口开河了，当年杨涟不但没有举荐，在熊廷弼第一任经略罢官的过程中也没有发挥作用。而且杨涟在移宫案后颇受打击，在天启元年（1621年）正月就告病离任，一直到了天启二年（1622年）四月才复出，完全错过了熊廷弼二度经略辽东到广宁丢失的全过程。而邹元标刚刚奏举了郭巩，现在反被咬一口。

这样的攀扯，可谓毫无道理，完全就是为了党争而争。东林这边明显闻到了阴谋的味道，深陷其中的周宗建上疏回怼：怎么推荐李维翰、王化贞的不纠劾，偏偏要冲着熊廷弼来，这不是摆明了以熊廷弼为幌子来打击异己吗？周宗建逻辑上驳完之后，转了一个圈又咬上了魏忠贤，骂郭巩是为了取媚魏忠贤而攻击那些抵触内官的大臣。

此时双方对垒已经完全不是在论封疆案了，东林党人每次攻击必攀扯上内官魏忠贤，阉党则借着熊廷弼攻击东林党。周宗建与郭巩都是叶向高的门生，叶向高也曾劝郭巩揭过旧怨，和衷共济，但郭巩已是身不由己，终归还是逃不过你死我活的争斗。

这场斗争又是两败俱伤，郭巩和周宗建各自被扣了半个月工资，内阁主张和为贵，事情也就平息了下来。

这两仗下来，表面上仍是平局，但斗争的天平已经逐渐向阉党一方倾斜。两场战斗的主角徐大化和郭巩在这之后不久的天启四年（1624年），都被升为大理寺寺丞。这就是态度。

也就在这一年，熊廷弼的性命已经成为党争的棋子，东林党一直在救，阉党一直在利用他打击对方。这一年双方迎来了大决战。

四、熊廷弼贿赂求生？

东林党与阉党的决战，是从天启四年（1624年）六月初一杨涟上呈《劾魏忠贤二十四大罪疏》开始的，魏忠贤利用熊廷弼封疆案图穷匕见，借熊廷弼贿赂东林党求生的指控最终将对手一举歼灭。

魏忠贤在天启初年还叫魏进忠，从天启皇帝登基，便成了杨涟等人的眼中钉、肉中刺。泰昌元年（1620年）九月，也就是天启皇帝刚刚登基时，杨涟就指责过魏进忠盗取宫中宝藏。只是这点小事扳不倒天启皇帝身边的这个大伴。

在其后的日子里，中正之士一而再，再而三地揪着魏进忠不放，即使他改了名字叫魏忠贤，加了个"贤"字欲与士大夫看齐也不放过。在一次又一次的纠劾中，魏忠贤却一再升迁，从原来的甲字库太监，最终成了"钦差总督东厂官旗办事，掌惜薪司、内府供用库、尚宝监印，司礼监秉笔，总督南海子，提督宝和等店太监"，升迁之快堪比坐火箭。能达到这样的速度，唯一的解释就是他深受天启的宠信。

到了天启四年（1624年），形势对东林党来说已经非常不利了。南翁邹元标罢去后，同党一直想方设法令其回朝，推南京吏部尚书，但天启嫌他老了（73岁），不用。大学士叶向高请召还修撰文震孟，庶吉士郑鄤，给事中毛士龙、侯震旸、熊德阳，御史江秉谦、贾继春，他们大都是因保护熊廷弼或者指责魏忠贤而被驱逐的大臣，皇帝亦不许。

到了五月初一，一件小事让朝廷气氛骤然紧张起来：锦衣卫指挥同知署北镇抚司刘侨以宽纵汪文言削籍。汪文言本是一个小人物，狱吏出身，在天启初投靠了东林，于玉立派他以盐商身份入京联络，并捐了一监生身份。

汪文言属于东林阵营中的布衣军师，善于结交各路人等，靠着接近光宗的东宫伴读大太监王安，打通了宫中的关系，与外朝东林官员内外联手，在天启初年，创造了中正盈朝的东林时代。论功行赏，汪文言被赏了个中书舍人的虚衔。

王安争权失败被天启杖毙，顺天府府丞邵辅忠、御史梁梦环相继弹劾汪文言，汪被逮下狱，其后东林走了北镇抚司刘侨的路子，令其得以无罪释放。此番重提旧事，以宽纵汪文言而罢刘侨，并且再度将汪文言下了诏狱。

杨涟的《劾魏忠贤二十四大罪疏》，就是在这样一个背景下放出的"大招"。汪文言知道东林许多秘事，肯定有见不得人、为人诟病的，此时对家抓住汪文言不放，显然已在酝酿大动作。也许是杨涟感觉到山雨欲来，才用上了这近乎殊死一搏的手段，后果不是你死就是我亡。

东林被杨涟的奏疏打了个猝不及防。在疏未上的时候，缪昌期对左光斗说："内无张永，外无杨一清，一不中而国家从之，可侥幸乎？"①张永是武宗朝扳倒刘瑾时内廷接应的太监，杨一清是当时平定安化王朱寘镭叛乱的总督，张永当时正在杨一清军中监军，且与刘瑾有极大的矛盾。于是杨、张在征途中密谋好，等到了献俘仪式上，由张永发难告发刘瑾大罪，方才将刘瑾一举拿下。

看到这样的奏疏，天启震怒，回复道：杨涟这些议论都是没有根据的胡乱猜测，说宫闱之事，怎么就像亲眼看到似的？又屡次将朕身边亲信驱逐，使朕孤立。杨涟起任之后，本应该老实一点，如今欺负到宫里来了，但念眼下朝廷多事，姑且不惩罚了，警告大家之后不得再嚷嚷了。

本来皇帝这么说，下面的人应该有所收敛，但这是大明朝啊，大臣们拼了一条命也要证明自己是诤臣。左光斗紧跟其后，劾魏忠贤三十二斩罪。看带头大哥挺身而出，后面的小弟也纷纷跟上。科道方面魏大中、陈良训、袁化中、周宗建，南科道徐宪

---

① 《东林列传》卷四，第77页。

卿、赵应期，兵部尚书赵彦，詹事翁正春，太常寺卿胡世赏，太仆寺卿朱钦相，抚宁侯朱国弼，南京兵部尚书陈道亨等44人先后上疏。

魏忠贤眼见来势汹汹，先是装模作样请辞东厂厂公，皇帝温旨留用，接着将汪文言廷杖削职为民，然后选了东林党的几名政敌，魏广微、顾秉谦、朱国祯、朱延禧入阁，之后允了叶向高的辞呈，放他回籍。天启一番操作后，上下都做好了准备，受到皇帝支持的魏忠贤及其党羽顺势挑起了事端。

是年十月，因会推山西巡抚，皇帝找了一个由头，说会推不公，先后斥罢吏部尚书赵南星、左都御史高攀龙、左副都御史杨涟和左佥都御史左光斗。但要铲除东林，仅靠这点理由是说不过去的，否则顶了天也就罢官回籍。如要治罪、下狱、流放甚至杀头，必须有更严厉的罪状，只是去哪里罗织罪名呢？

徐大化计上心头，这不还有个熊廷弼吗？被判死刑快3年了，还没行刑，肯定是有人在袒护营救。于是，天启五年（1625年）二月，他上了一疏，提醒皇帝熊廷弼还在呢，有一伙人还在努力营救："国家不幸丧师失地，人臣公正发愤，义不容已，何乃聚党营救，执正议者皆排之使去，知有贿赂，不知有法纪。"[1]

有此一疏，可谓万事俱备。天启授意，命在汪文言身上打开缺口，追查贿赂案情，剑指杨涟、左光斗。说东林受贿救熊廷弼，这已经不是新找的借口。前文已述，御史杨维垣就参过顾大章受贿4万两银子，为熊免死，如今不过以此为线索穷追而已。

一个月后，北镇抚司许显纯严刑拷打，逼出汪文言的口供，

---

[1] 《熹宗哲皇帝实录》卷五六天启五年二月四日条。

牵连了赵南星、杨涟、左光斗、魏大中、袁化中、缪昌期、周朝瑞、顾大章等人。

其中，杨涟、左光斗、袁化中、魏大中、周朝瑞、顾大章6人被逮至京究问追赃，经严刑拷打，每人均坐赃银若干。在酷刑下，杨涟、左光斗、袁化中、魏大中、周朝瑞瘐死，顾大章投缳自尽。大狱兴起便不可收拾，天启六年（1626年），高攀龙、周顺昌、周起元、缪昌期、李应昇、周宗建、黄尊素等7人也因贪污等罪名被抓，除高攀龙不愿受辱投水自尽后，其余6人也都瘐死，东林骨干全军覆没。

这场从万历朝绵延至天启朝，由熊廷弼封疆案引发，一步步迈向高潮的党争大戏，便以这样惨烈的方式落幕。为何一度权倾朝野的东林党，会落得如此收场呢？

纵观晚明历史，大明朝的文官团体与皇帝，构成了博弈论中的经典模型——"囚徒困境"。假设皇帝是警察，那文官团体就是囚徒。

很显然，如果文官或者大部分文官都与皇帝唱对台戏，或者采取阳奉阴违的态度，文官系统代表的士权会获得最大利益，不仅能与皇权相互制衡，甚至能如明孝宗、明穆宗、明神宗时期，获得某种压倒皇权的集体利益。

终明一朝，实际上就是皇权打破士权，让士大夫文官团队陷入"囚徒困境"的过程。这种局面在嘉靖以降更加凸显，嘉靖皇帝因争大礼，与文官系统进行了长达数年的斗争，其手段是提拔、重用倾向自己的文官。

文官系统一旦分成不同派别，皇帝就能以"警察"的角色，让他们陷入"囚徒困境"。嘉靖在争大礼中就彻底展露了"囚徒困境"的极端状况：对反抗的一方判刑，而升迁重用另一方。

到了万历朝，也是同样的情况。在万历朝头10年，张居正统领的文官系统与皇权对抗，文官系统成了互不揭发的"囚徒"，达成了压制皇权的目的。张居正去世，文官系统便分崩离析，在万历拉一派打一派的手段中败北了。

东林党的问题就在于不能团结大多数人，而成了那个不断"出卖"持不同政见的对手，试图让对手"被判10年"的"囚徒"。而齐、楚、浙、宣、昆等派别的文官只能团结起来，也通过努力"出卖"对手，获得生存空间。

最典型的案例，就是熊廷弼与姚宗文的反目。你可以将二人看成辽东战局中的"囚徒"，姚宗文与熊廷弼从同伙变成互相检举揭发的"囚徒"，最终二人都"被判5年"。

但到了天启时期，外部情况已经容不得皇帝再让两派"囚徒"互相揭发"各判5年"了，只能以一方无罪释放、全面掌权，另一方判死刑的激烈方式解决。

叶向高是官场老狐狸，最能看出其中问题，因此他多次希望分列两边的学生能忘记旧怨和衷共济。但奈何形势比人强，双方到了这个地步，已经无法调和了。

五、熊廷弼之死

熊廷弼得以活到天启五年（1625年），应该感谢叶向高和孙承宗，两位阁辅都在不同的时期为他求情，使他得以保住性命。

天启二年（1622年）七月二十日，御史刘徽上疏催斩熊廷弼、王化贞。皇帝点头，下内阁票拟，这次叶向高拦了下来，称杀不杀是法司的事，不是御史的事，也不是内阁的事，"伏望严饬所司，从公覆请，则刑一人而千万人服"①。其实叶向高是把球踢给刑部，他知道当时刑部有王纪、顾大章顶着，可以缓一时。

于是这一拖又是两个月。到了九月二十二日，叶向高上疏请求停刑，赦免二人。这次叶向高从王化贞入手，说王化贞对蒙古人有影响力，还请出帝师孙承宗，说孙承宗经略辽东，亲眼看见蒙古人为王说项，看来王还是有用之人；又说辽祸以来，文武已经损失很多了，再杀又是十几颗人头落地，皇上圣慈必不忍心看到。"得旨：'览卿等所奏，知道了。还遵前旨行。'余再三请，乃传谕允停。"②

一转眼，一年过去了，天启三年（1623年）十月，又到了秋后问斩的时候，这次又有什么招呢？这一年正好赶上郊祀，而且是天启皇帝第一次参与大典，叶向高借此机会再次提请停刑。皇帝心知肚明，先是夸奖了叶相一番，但认为大奸逆恶之徒不能赦。叶向高锲而不舍又三催四请，小皇帝拗不过，只得再度同意了。

熬过又一年秋，一晃眼天启四年（1624年）的秋天来了。此时政治气氛已经非常紧张，杨涟的《劾魏忠贤二十四大罪疏》已经上了，事已急，叶向高多数奏疏要么不许，要么不报。到了七月，叶向高辞职报告终于批了，这位保护了熊廷弼两年多的首辅，终于在大明政坛上谢幕。只是仍有人出来提请停刑，这回轮到帝师孙承宗。

九月，孙承宗上疏救杨镐、熊廷弼、王化贞，求减刑为流

① 《熹宗哲皇帝实录》卷二四天启二年七月二十日条。
② 《蓬编》卷一三，第94页。

放。"经抚不可兼设，廷弼、化贞政兼设之害，致两相牵而不得尽向使。任一人以责其成，而事不中制，人不多言，彼一人其何愧之辞？"①对于师傅的请求，天启还是要给点面子的，遂准了所请。这一年总算又熬了过去。

时间进入天启五年（1625年），随着东林倒台，熊廷弼贿赂求生的证供被提交，形势急转直下，催斩的奏疏接踵而来，从五月到八月，连续有御史门克新、石三畏等人相继上疏揭发熊廷弼及相关人士。

事已至此，仍有人怕熊廷弼继续熬过这一年的秋天，于是为结束熊廷弼的生命添上最后一根稻草。八月二十一日，天启皇帝与阁辅等于文华殿开设经筵，5名阁辅中的某个人从袖中抽出一本书，献给天启，说这是熊廷弼在狱中所作，名为《辽东传》，书中邀功讳过，谋求脱罪。皇帝一看，勃然大怒，批下："朕亲览之，竖发切齿。此盖熊廷弼奸谋不得肆行于朝，今又敢以流言煽惑于野，且心怀不轨，辱国丧师，恶贯满盈，罪在不赦，而又刻书惑众，情益难容。"②由此，颁下杀熊廷弼诏。

这是《明实录》中说的情况，那5名阁辅，是谁做了此事呢？《石匮书》《罪惟录》《明史纪事本末》中说落井下石的是丁绍轼，《明史》里说是冯铨。

这也是一段历史公案，吴应箕在《启祯两朝剥复录》里给我们带来一个解释。由于在熊廷弼第一次起任经略的时候，丁绍轼曾激烈反对过，并且为之辞官，因此两人是有旧仇的。所以在皇帝没说具体是谁的情况下，许多人都认为是丁。

---

① 《熹宗哲皇帝实录》卷四六天启四年九月十九日条。
② 《熹宗哲皇帝实录》卷六二天启五年八月二十五日条。

毕竟投书之事不是什么光明正大的行为，丁绍轼坚决予以否认，并揭发书是冯铨上的。

此说还有太监刘若愚的记述可为佐证。在他所写的《酌中志》中，他说当时市面有绣像小说《辽东传》刊行，第四十八回专讲冯铨及其父亲冯盛明奔逃之事，冯铨怀恨在心，借机促熊正法。

刘若愚还说，这事真的与"贵池相公"无关。贵池相公就是丁绍轼（故乡安徽贵池）。当时内阁拟旨，把杀人的决定都归于天启。王体乾、王永贞等内监还说：分明是小冯儿与熊家有隙，在讲筵上害他，与圣上何干？于是把内阁拟的条旨上奏，让天启增加了几个辅臣袖中出书的细节，以正视听。由于刘若愚是宫中人，当了解实情，所以《明史》也采纳了冯铨说。

狱中的熊廷弼对外面的消息也时有耳闻，知道自己命不久矣。他在狱中好整以暇，每日只以一藤枕为卧，夜深人静时焚香北拜，早上又将枕头供起来。狱卒不明相问，每次熊廷弼都笑而不语。

在狱中，他笔耕不辍，写下《性气先生传》《东事答问》等书稿，为自己一生留下记录。等日子临近，熊廷弼写好最后的奏疏、给家人的遗书和一首绝命诗，将文稿叠好，委托好心的狱卒代为保管，只把给皇帝的奏疏放在一个小布袋里挂于胸前。

八月二十八日五更，天启颁下绝命诏书到刑部，山东司主事张时雍命狱卒去提人。熊廷弼已经醒了，从容换洗收拾，把衣冠整理好。狱卒催他赶紧的，熊廷弼正色道："我大臣也，还要拜旨，岂得草草？"①

----

① 张岱：《熊廷弼王化贞列传》，载《熊廷弼集》附录一，第1240页。

绝命诏书颁下：

> 我祖宗特起熊廷弼于田间，授以经略，赐之尚方，赐之蟒玉，宠极人臣，义当尽瘁。
>
> 乃熊廷弼欺朕即位之初，始则托病卸担，荐袁应泰而辽阳亡，既则刚愎不仁，望风先逃而河西失。
>
> 当是之时，不知费国家几百万金钱，丧军民几百万性命。而征兵西蜀则西蜀变，风闻山东则山东乱，今黔中尚发发未宁，斯其罪难擢发数矣。
>
> 迨三尺莫逭，复百计钻求，甚者则有周朝瑞十日四疏以救，有顾大章妄为罪属可矜，而又托奸徒汪文言内探消息，外入杨涟、左光斗、魏大中、袁化中之幕，嘱令遣书求解。诸奸受贿，动以万千，又安问祖宗疆土祖宗法度哉？朕深痛恨……
>
> 此盖熊廷弼奸谋不得肆行于朝，今又敢以流言惑众于野，且心怀不轨，辱国丧师，恶贯满盈，罪在不赦，而又刊书惑众，情益难容。①

圣旨大意是：熊廷弼被万历起于田间，委以重任，在天启即位之初，始终以病推脱，刚愎自用，导致河西失陷；又浪费国家数百万金钱，军民丧命几百万人；导致四川叛乱，山东纷乱。而且又有一大票人收受贿赂，结党营救他，令人恨之入骨。熊廷弼丧师辱国、恶贯满盈、罪不容赦。

接完旨，熊廷弼好像有话要说，张时雍道："芝岗（冈）失

---

① 《明熹宗七年都察院实录》天启五年九月二十五日条。

陷封疆，应得一死，还有何说？"

熊廷弼指着胸前一个袋子，说："此谢恩本也。"

张时雍道："公不读《李斯传》乎？囚安得上书？"

熊廷弼瞪了他一眼道："此赵高语也。"[1]赵高是什么人？历史上定了性的权阉大奸。此言显然是以赵高来讽刺魏忠贤。

人生最后一刻，嘴上仍然一句不输，熊廷弼还是那个熊飞百。

是日午时，斩熊廷弼于西市，弃尸荒野，传首九边。

六、谁杀了熊廷弼？

先说结论，杀熊廷弼者，天启皇帝也。这是封疆案中无法否认的事实。可以说从头到尾，熊廷弼没有一丝逃生的机会，因为天启杀他的决心从来没有动摇过。

崇祯年间，韩爌为熊廷弼请求平反，曾说熊廷弼不死于封疆，而死于门户，意为熊廷弼为党争所杀。传统史论中，杀熊廷弼的主要责任，毫无悬念地落在魏忠贤及其党羽头上。

但也有学者认为熊廷弼是被东林党治罪的，如小野和子，她认为熊廷弼、王化贞"专案小组"主要成员是邹元标、王纪，二人要为此负责，甚至认为周应秋也是东林同道。

也有人认为不仅是邹、王起了作用，孙承宗的奏疏更是坐定熊廷弼大罪的关键。

还有观点称，王化贞是叶向高的门生，因此以叶向高为代表的东林党人对熊廷弼甚为掣肘。

---

① 《熊廷弼王化贞列传》，载《熊廷弼集》附录一，第1241页。

但以上观点多有偏颇，并不能反映熊廷弼一步步走向西市的历史全貌。偏颇之处在于把党争简单化了，或者说把一个人物在人生不同阶段的政治面貌、观点、门户简单化了。对熊廷弼而言，如果以第一次经略辽东结束时为界线，那他的政治派系在此前后发生了180度的改变。

前文讲过，在人生前半程，特别是经辽之前，熊廷弼是楚党，与齐、浙、昆、宣等小团体中成员交善，汤宾尹、顾天埈、亓诗教都与他关系不错。南直隶学政任上，熊廷弼与东林党党魁顾宪成发生了直接冲突，后又卷入了与东林党交火的"汤宾尹霸妇案"，并且掀起了导致三位朝堂大佬孙玮、许弘纲、王图去职的"荆熊分祖"之争，直接对手就是铁杆东林荆养乔。彼时，熊廷弼完全是东林党的对头。

如果照这样发展下去，熊廷弼的确会与东林党势成水火，但在第一次经辽的过程中，事情悄悄起了变化。到了万历晚年，朝堂上东林一派已经靠边站了，从阁辅方从哲到各部堂官黄嘉善、赵焕，再到科道要津，朝中核心人物基本上都是与东林对立的政治集团中人。看看辽东的领导班子配置，枢臣黄嘉善、经臣熊廷弼、抚臣周永春、阉臣姚宗文莫不如是。此时，齐、楚、浙、昆、宣诸党，因对付东林暂时合伙，但这样的联盟并不牢靠。

第一次经辽，熊廷弼从原来的人际网络中脱离了。前文讲过他和兵部尚书黄嘉善争执了一年，二人在熊廷弼的《部调纸上有兵疏》之后彻底撕破脸。黄嘉善是山东人，一开始的时候与熊廷弼还算融洽，上任后还上疏为熊请尚方剑，只是之后被熊廷弼的脾气惹翻了，二人势成水火。

黄嘉善之前一直在外任官，较少参与朝局和党争，但在泰昌、天启初年他成了东林党攻击的目标，遭杨涟弹劾后被罢去。

后来潘云翼又将其与亓诗教、赵兴邦同列，可知他至少在东林党眼中是齐党的人。

熊廷弼第一次经辽去职，弹劾他的人里各方都有，这在前文已详述，此处不表。正因如此，部分史家对其日后政治走向产生了误判，仍以为熊廷弼与东林不和。但真实情况却是，此时此刻，他已经与齐党不和，与浙党反目了。

再看第二段经略任期。熊廷弼开始受到东林中一些人的支持，提携他的就有大学士刘一燝。刘可以说在熊第二段经略任期一直是他的坚定支持者。熊廷弼在镇江大捷以及叶向高入朝前，还是很安全的，至少尚未坐定经抚同功罪的责任。此时，背后支持熊廷弼的是刘一燝、周嘉谟两位东林主将，说熊廷弼已经转变成东林同道也未尝不可。

但叶向高一来，事情又发生变化了。叶向高是另一个扰乱熊廷弼人物关系的关键人物。因为叶向高是东林同道、顾宪成好友，王化贞是他的门生，而且叶向高入阁支持王化贞，所以有人将王化贞归入东林。如此，熊廷弼又变成东林的政敌了。

但这些观点非常值得商榷。首先，在阉党记录的所有东林党名单中都没有王化贞的名字。

再者，谁说学生就一定是同党了？再说郭巩与周宗建也都是叶向高的学生呢，还不是分属两个阵营，斗得你死我活，连叶向高都无法说和。

最后，如果王化贞是东林中人，那张鹤鸣算什么？张鹤鸣是王化贞最有力的支持者。经抚不和时，张鹤鸣已经被甄淑、刘弘化、熊德阳、江秉谦等东林或亲近东林者疏攻；广宁失守后，张鹤鸣更是被东林党追杀。他虽然不是阉党，但最少也处于东林的对立面。

假如王化贞是东林，那逻辑是不是有点混乱？所以，要明白其中门道，必须搞清楚王化贞座主叶向高对熊廷弼的态度。

前文说过，叶向高支持王化贞，是因为当时的辽东战局拖延日久，正吞噬着大明的国力，已经造成社会动荡。叶向高站在首辅的高度，认为辽东战争应该尽快结束。不管他的认识是否正确，他的位置都决定了他比只对辽东负责的熊廷弼要想得更多、更广阔。因而，他才支持王化贞，反对熊廷弼。

但叶向高是相对持平之人，处理国事经常帮理不帮亲，否则也不能在内阁熬到天启四年（1624年）。日后乾隆朝编纂《四库全书》时，乾隆特地嘱咐参与编纂的大臣们，叶向高的书要收，不用禁毁，便是因为乾隆觉得叶向高是老成谋国之典范。

朝中重臣处世不是一味党护，特别是万历时期过来的人。举个例子，邹元标在天启二年（1622年）五月，就请召回因天启初弹劾熊廷弼而被处罚的魏应嘉、冯三元、张修德、刘廷宣、郭巩。郭巩可是妥妥的阉党，但该举荐的时候，还是要举荐的，所以在很长一段时间，天启给邹元标的评语都是"中直"。

封疆案发后，叶向高对熊廷弼的保护显而易见，这不是仅凭熊廷弼在自传中对叶向高的攻击就可以否定的。不能因为某人做过一些不利于同党，或有利于政敌的事就可以断定他的立场；同理，某人在不同时间段，对不同事件的态度也可能会前后不一。

只有跳脱出党派之争，才能明白叶向高、王化贞、熊廷弼的三角关系。搞清楚这层关系，也就可以理解随后发生的封疆案走向。

封疆一案中，东林党下了大力气保熊，阁辅中有叶向高、刘一燝、韩爌在保护熊廷弼，府台有王纪、邹元标，下面有科道官，如周宗建、朱童蒙、周朝瑞、江秉谦、刘弘化、甄淑、周季7人曾联名上疏，愿以身家性命为熊廷弼担保，让他戴罪立功恢复辽东，如果无功，则有难同当。这7人中，除了朱童蒙、周季，其他5人都是东林，拿自己的人头担保，显然是真心实意地想保。

所以对于东林的态度，小野和子也有些困惑。她指出，关于熊廷弼的处分，即使在东林党内部意见也并非一致。①

果真并非一致吗？让我们看看从天启二年（1622年）二月到天启五年（1625年），用各种手段尝试救熊廷弼的臣工，包括但不限于韩爌、周宗建、朱童蒙、周朝瑞、江秉谦、刘弘化、甄淑、周季、王大年、顾大章、何荐可、王纪、陈大道、满朝荐、梅之焕、黄龙光、惠世扬、萧基、赖良佐、侯震旸、熊德阳、孙承宗、叶向高等。

除了少数几人外，其他都是东林人士。不能因为少数东林党认为熊廷弼该杀，就抹掉这一派整体的政治态度。

下面看看认为熊廷弼该杀的情况，王纪、邹元标主持的审理为何判死？那是因为，坐失封疆就该判死。东林内部一些人也持这种看法：罪就是罪，不能以私废公。比如楚党要救熊廷弼，相约贺逢圣合疏，但贺拒绝："讵可以私嫌废公议。"②

至于杨涟这样的东林大将，也持相同看法。他认为失封疆该死："熊廷弼初在辽阳，我引'有树无皮'一疏参之，及广宁陷，我为封疆为重，何辞不死？廷弼恨欲杀我。此岂受贿为营脱者？"③

① ［日］小野和子：《明季党社考》，第205—215页。
② 《东林列传》卷七，第144页。
③ 《熹宗哲皇帝实录》卷六一天启五年七月二十六日条。

左光斗与熊廷弼的关系好不到哪儿去："廷弼抚辽，光斗曾策其必败，具疏力争。及再起，而廷弼益骄，朝议至欲据前言者以谢熊，光斗又疏持不可，廷弼甚恨之。置对时廷弼抗言，杨左尝欲杀我，是岂为我营脱者？"①

魏大中也冤，到了天启四年（1624年）九月十九日，还上了《合词恭恳圣断立诛辽左失事诸臣以自为社稷计疏》，疏中魏大中请杀杨镐、熊廷弼、王化贞等人。以上这几位都是被指有受贿罪的人，但哪有收了贿赂还上疏要杀行贿之人的道理？

再有孙承宗，一开始他主张诛熊廷弼、王化贞以正国法，熊廷弼才因此被法司逮问，他可以说是熊入狱的直接责任人。所以，孙承宗的举动被认为是东林想杀熊廷弼。孙承宗到底是不是东林人士，史论仍有争议，因为除了封疆案，他没有参加东林其他议题。他与东林党多为君子之交，说是中正之士也是可以的。

人们都看到孙承宗参熊廷弼下狱，但没有看到他为熊廷弼求情。孙承宗为何会持先杀后赦之议？全因孙承宗亲自出关一趟，处理辽东军政，深切体会到熊廷弼之不易。王在晋说孙承宗认可熊廷弼的才能，而且对经抚两败有切身体会，因此上疏为熊、王二人分说。孙承宗道："臣于二年来，履其地，用其人，每悉其心力，俱极艰苦。"②现实的打击是帮助人成长最好的契机。

由此可见，东林党中多数认为熊、王二人于法该杀，于情不该杀，所以审判完了再想办法救命。邹、王、周在判词奏疏中有一句话："臣等敢窃附于执之一义？若不测之特恩，是在皇上，非法官所敢轻议也。"③意思非常清楚，他们考虑的是，论罪当

---

①　《东林列传》卷三，第60页。
②　《三朝辽事实录》卷一三，载《先清史料》，第342页。
③　《两朝从信录》卷一三，第1431—1432页。

杀，但赦不赦免全在皇帝。

但无论两党在熊廷弼之死中有怎样的表现，都不会影响故事的结局。在天启这里，从来都没有不杀的选项。为何这么说呢？

让我们先看天启的性格因素。"囚徒困境"在天启朝从非零和游戏，发展到了零和游戏，既有外部压力的原因，也与天启皇帝自身性格分不开。

日后众多史论都把明末败坏主要归罪于魏忠贤，认为是这个权阉巨恶把持朝政，打击政敌所致。

不少史家总觉得天启皇帝年纪小，什么事都不懂。比如孟森就认为"熹宗为至愚至昧之童蒙"[1]，顾诚解读为"新上台的明熹宗朱由校年轻不懂事，宦官们为了窃柄弄权，领着他成天嬉戏。……于是大权旁落，宦官把持朝政"[2]。谢国桢也有类似认识："熹宗是一个无知识的小孩子，一天到晚只知道游戏，哪能管理得朝政。"[3]

历史主流的观点大多如此，仿佛天启朝阉党横行是因为皇帝昏庸、蒙昧、不管事导致的。这是因为，多数史家只把天启皇帝当成一个工具人，而忽略了他的年龄与性格。天启也是人，也有七情六欲。

天启朝初年，所谓中正盈朝，东林党霸占朝中要津，通过红丸案、移宫案不断"出卖"他人，某种意义上达到了掌控全局的程度。此时，天启孤身一人，只能全凭身边一众顾命大臣说了算。谁知道被李娘娘拿来吓唬过万历的"尹（伊）霍（光）"之

① 孟森：《明史讲义》，上海古籍出版社2019年版，第337页。
② 顾诚：《明末农民战争史》，光明日报出版社2012年版，第3—4页。
③ 谢国桢：《明清之际党社运动考》，上海书店出版社2004年版，第40页。

事会不会发生呢？

整个天启朝，皇帝就是那个打破文官系统铁板一块的"警察"。天启就如他的爷爷万历挣脱张居正的控制一样，等翅膀硬了，终究是要挣脱大人的控制的。从万历日后对待张居正及其党羽的手段来看，那种来自年轻人的恨与报复，天启与之有什么太大的分别呢？

移宫案里，杨涟等移宫主力自以为拥立大功，但天启可不这么看。日后在铲除了东林党之后，他发出的旨意与杨涟等人想的正好相反："杨涟、左光斗、周朝瑞、汪文言凶恶小人，目无法纪，素与内侍王安互相交结，妄希定策，首倡移宫，夤缘作弊，符同奏启，威逼康妃，亏朕孝德。"①

在判斩原任大理寺少卿惠世扬的圣旨中，天启再说："不意惠世扬者身居谏职，敢作奸邪，创垂帘之名，陷康妃、皇妹而不顾，附王安之党，即表衣小帽而不惭。是时明欺朕之幼冲，欲张己之凶焰。"②这里有一句"明欺朕之幼冲"，也是表达了当时他并无权柄，一切被人操纵之意。

如果留意天启朝疏旨往来，会发现天启皇帝在无数的回复中都说到一个意思：朕虽冲龄。如以下一系列上谕：

> 朕欲出一严旨切责依庇内臣执奏，以朕在冲龄，外廷疑为中旨，喧嚷不休。③

> 朕冲龄嗣位，方期大小臣工靖共修职，而因循若此，岂

① 《明熹宗七年都察院实录》天启五年九月二十一日条。
② 《熹宗哲皇帝实录》卷六八天启六年二月二十六日条。
③ 《熹宗哲皇帝实录》卷四泰昌元年十二月九日条。

朕委任责成之意？[1]

　　朕嗣登大宝，虽在冲龄，未闻有翰林协赞阁臣者，不得开此款端。[2]

　　自朕冲龄践祚，值东林邪党盈朝，或陷朕之孝德不光，或弃祖宗封疆不顾。[3]

　　天启旨意里的情绪难道还看不出来吗？他认为大臣们就是欺负他年纪小，所以当他说的话是耳旁风，对他视而不见，甚至坏了规矩。但偏偏一众大臣一到规劝皇帝的时候，都是这样说：皇上还小，如此这般……

　　试想一下，哪个掌握了最高权力的人可以忍受被身边人如此看轻、戏弄？而且天启正处于年轻人"你说东我偏向西"的叛逆期，又有多大的肚量忍受中正之士们的喋喋不休？

　　而且，魏忠贤、奶妈客氏都是这个从小缺乏母爱、成长过程中由于父亲不受重视而受尽白眼和屈辱的小皇帝最信任的人，那些大臣动不动就斥责他的私生活，说他身边最信任的人的坏话，他听到耳朵里又会是怎样的感受？杨涟《劾魏忠贤二十四大罪疏》里就说，传闻魏忠贤与客氏合伙阻止皇帝生儿子。

　　所谓疏不间亲，指责魏忠贤也就罢了，那从小将他抱在怀里、以奶水喂之、一路抚养他长大的客氏，不是亲妈胜似亲妈，攀扯上她能有什么好下场呢？由此种种，杨涟、左光斗等东林党

人的结局，就一点不令人意外了。

再看天启对熊廷弼的恩宠。所谓爱之深，恨之切，熊廷弼出任经略时，天启对他的期待太高了，待遇也给得太好了，一旦现实与期待形成巨大落差，就很容易从一个极端走向另一个极端。

封疆失陷后，朝廷的处理是让熊廷弼戴罪出关。有人或许会说，天启不也同意他戴罪出关吗？实则不然，让熊廷弼戴罪出关主要是叶向高等阁辅的意思。前面说过叶向高的理由：现在没人顶上经略辽东，等顶替的人到了再抓熊廷弼。

对于让熊廷弼戴罪立功，天启的态度是很勉强的。注意天启回复王在晋时的原话："这经、抚、道、将各官都该拿问正法。尔部既这等说，便马上差人传与他，每责令出关防守收复，姑准赎罪，国法已宽，如再违玩，决不轻贷。"[1]可以看出天启恨不得把所有辽东文武都斩了，这种气话阁辅大臣是说不出的。

天启下旨抓王化贞、劾熊廷弼，这是皇帝和内阁妥协的结果。在逮捕王化贞的次日，叶向高还在票拟中要留用熊廷弼，天启在回话中奚落："熊廷弼走得快，果胜。"[2]这难道还不能令人感到天启对熊廷弼的憎恨和厌恶吗？

内阁是保熊廷弼的主力，早年天启还要给阁辅一些面子，所以很多时候都会妥协。孙承宗在催办封疆的时候，特地说希望天启"乾纲独断"，就是暗示有人阻挠，皇帝的意志没得到贯彻。另外叶向高也说皇帝斥责过他祖护熊、王二人。

间接表现出天启态度的是他对保熊廷弼一系官员的处理。他

---

① 《三朝辽事实录》卷七，载《先清史料》，第168页。
② 《三朝辽事实录》卷八，载《先清史料》，第181页。

先对围魏救赵的江秉谦、刘弘化罚俸，接着又迅速拿下王纪，然后把申救王纪的满朝荐、文震孟、郑鄤、傅櫆、周宗建等人罢官的罢官，降职的降职，扣工资的扣工资。

天启这一圈操作下来，相当于将保熊廷弼一派的羽翼剪了，就只剩下阁辅能起点作用，但他们能做的不过是每年想尽各种办法拖过秋后处斩罢了。

天启对叶向高的拖延也是有察觉的。天启三年（1623年），叶向高以皇帝首次祭天为由求赦免，天启一开始不同意，被叶向高三请才勉强答应。天启四年（1624年）则是给老师孙承宗面子。

给面子不代表可以赦免。当天启五年（1625年）五月门克新上疏请立诛熊廷弼时，忍了几年的天启终于独断了一次，他看到阁臣票拟还在含糊其词，就打回改票，明确说要杀熊廷弼。

再到熊廷弼被告贿赂之后，提起新仇旧恨，天启更是雷霆震怒："又熊廷弼丧辽辱国一案，便寸斩尚有余辜！而杨涟等各纳其重贿，巧求出脱。此皆天地之所不容，人臣之所切齿，即五刑不足以伸其法，九死不足以尽其愆。"[①]"寸斩尚有余辜！"品品这话，感觉到了天启恨得牙根痒痒的情绪吗？

所以，从头到尾，天启杀熊廷弼的心一天都没有放下过。熊廷弼死不死、什么时候死，只与君臣之间处理朝政的技术手段有关，与台面上的党争无关。

这个案子亦反映出天启对朝政的把持。他非但没有不管不问，而是一以贯之，朝政一直都在掌握之中。

---

① 《熹宗哲皇帝实录》卷六二天启五年八月十二日条。

七、尾声：生前身后名

隆庆三年（1569年）生，天启五年（1625年）受刑，终年56岁，熊廷弼就这样把后半生"卖"给了大明朝，落得个传首九边的下场。

即使人死了，但天启仍余怒未消，把熊廷弼家属赶出北京，继续穷究熊廷弼坐侵军资17万两。恰逢熊廷弼的政敌姚宗文外放湖广巡按，他便令江夏知县王尔玉穷追索赃。王尔玉向熊廷弼儿子索要貂皮珍玩，诸子拿不出来，王又将他们杖刑。长子熊兆珪熬不过追索，上吊自杀；熊廷弼妻被王尔玉抓至大堂去衣受杖，受尽侮辱；女儿熊瑚遭逢家变，气急攻心，吐血而死。到天启死前，姚宗文奏刮得赃银2万两，说好的17万两呢？追赃一直绵延到崇祯上台，方才诏免。

其后经过工部主事徐尔一和大学士韩爌先后鸣冤，熊廷弼才得以平反，诏命次子熊兆璧寻找熊廷弼首级归葬。崇祯二年（1629年），熊廷弼终于恢复名誉官爵，谥号襄愍。

熊廷弼之死在明朝与后金的斗争中是影响很大的事件，后世对他的评价参差不齐。褒扬者如全祖望，"明启祯间，东事之坏如破竹之不可遏，一时大臣，才气魄力，足以撑拄之者，熊司马一人耳"[①]；持平者如夏允彝，"自有辽事，所用人鲜能有胜任者。当时所望成功，惟熊廷弼、袁崇焕、孙承宗为庶几"[②]，一方面承认其能力，另一方面又指责他的毛病，"廷弼刚而骄，唾

---

① 全祖望原著，黄云眉选注：《鲒埼亭文集选注》，商务印书馆2018年版，第418页。
② 夏允彝：《幸存录》，载《四库禁书精华》（第五卷），吉林摄影出版社2001年版，第5页。

骂一世，谓皆出己下；此虽成功，亦不能居，况功未成乎"①。

虽然说熊廷弼死后，辽东战争还有孙承宗、袁崇焕相继坚持了一阵，但他们的战略战术仍然是从熊廷弼的"三方布置"脱胎出来的。孙承宗守了3年，袁崇焕又守了5年，但因财政支撑不起宁锦防线，以至于相继倒在了催战的金牌之下。

假如熊廷弼继续任职，能否守住辽东，甚至反攻呢？答案恐怕是否定的，理由就两条。其一，战斗力差距太大。努尔哈赤从举"七大恨"起兵直至进关问鼎中原，没有输过一场战役，甚至连较大的战斗都没输过。而辽东明军却先后经历了萨尔浒、辽沈、广宁、松山4场全军覆没的败仗，每次都是损失十几万人、几十万石粮饷的完败。沈阳城下莽古尔泰如入无人之境，熊廷弼看在眼里，自知战力差距，遂只能一守。

其二，大明太穷。辽东耗费靡大，从万历四十六年（1618年）闰四月到泰昌元年（1620年）九月，不到两年半时间，发过辽饷1051万余两。且每次前线大败，都让前次投入成为沉没成本，朝廷都要重新置办一套家当。4场大败，让大明直接损失超过2000万两，这就为大明带来了加倍的成本。

征发辽饷和各地兵将，已经酿成奢安之乱。到崇祯朝，经年大旱，无力赈济，又闹出了西北流寇之乱，这便让大明进入了吴思所说的"崇祯死弯"。如果说辽东战争是大明朝廷的绞肉机，那么西北流寇之乱就是大明朝老百姓的绞肉机。

被卷入明末政治斗争这个"绞肉机"里的衮衮诸君各有下场。

所谓同罪的王化贞，却死在熊廷弼后面，直到崇祯五年

---

① 《幸存录》，载《四库禁书精华》（第五卷），第5页。

（1632年）方才"以公平论"处决。

因支持王化贞、架空熊廷弼导致广宁失陷的张鹤鸣在边关避难，一无建树，半年后上书乞休，天启将其放去。天启六年（1626年）复起平奢安之乱，无功而去。崇祯八年（1635年）流寇陷颍州，将其倒挂树上致死。他也不过比熊廷弼多苟活10年而已。

捏造《辽东传》的冯铨日后又入清为官。冯铨降清后，官至中和殿大学士，康熙十一年（1672年）卒于老家涿州。乾隆朝将其列入《贰臣传》乙编，并追夺谥号。

叶向高，天启七年（1627年）病逝，终年69岁。崇祯初年，追赠太师，谥文忠。

孙承宗在熊廷弼死后一个月就遭遇了柳河之败，算是尝到了辽东的苦果，同年十月辞官，虽然后来一度复职，也无法挽回江河日下的形势了。崇祯十一年（1638年），清军破口围高阳，孙承宗率全城军民守城，城破被俘，自杀殉国，终年76岁。他的5个儿子、6个孙子、2个侄子、8个侄孙战死，满门忠烈。

袁崇焕在崇祯三年（1630年）因后金军攻到北京城下，坐失封疆罪被判凌迟处死。

封疆失陷，共同系狱的佟卜年在熊廷弼死后不久瘐死；胡嘉栋，熊廷弼的好友，经历大狱后留得一条性命，寓居乡中，得以善终。

天启皇帝是个病秧子，也不知道是不是受了他的遗传，他所生的6个子女全部夭折。他自己也因翻船落水埋下病根，于天启七年（1627年）八月二十二日驾崩，终年23岁。他把千疮百孔的江山传给了弟弟朱由检。

熊廷弼死后19年，李自成攻入北京。内忧外患之下，崇祯皇帝步上煤山，解发覆面，自经而崩。他留下遗言："朕凉德藐躬，上干天咎，然皆诸臣误朕。"①

正应了熊廷弼那句真心话："辽事岂可为，但当寻一散场耳。"②

---

① 《明史》卷二四《庄烈帝本纪》，第335页。
② 《幸存录》，载《四库禁书精华》（第五卷），第5页。

参考书目

《满洲实录》，辽宁教育出版社2012年版。

《明实录》，中华书局2016年版。

陈鼎：《东林列传》，江苏广陵古籍刻印社1983年版。

陈建：《皇明通纪集要》，明崇祯刻本。

陈子龙等辑：《明经世文编》，中华书局1962年版。

杜车别：《明冤：毛文龙、袁崇焕与明末中国的历史走向》，中国发展出版社2019年版。

樊树志：《重写晚明史：新政与盛世》，中华书局2018年版。

樊树志：《晚明史：1573—1644年》，复旦大学出版社2003年版。

顾城：《明末农民战争史》，光明日报出版社2012年版。

谷应泰：《明史纪事本末》，中华书局2018年版。

计六奇：《明季北略》，中华书局1984年版。

蒋一葵、刘若愚：《长安客话·酌中志》，北京古籍出版社1982年版。

赖建诚：《边镇粮饷：明代中后期的边防经费与国家财政危机，1531—1602》，浙江大学出版社2010年版。

李澍田主编：《先清史料》，吉林文史出版社1990年版。

刘效祖撰，彭勇、崔继来校注：《四镇三关志校注》，中州古籍出版社2018年版。

毛承斗辑：《东江疏揭塘报节抄》，浙江古籍出版社1986年版。

孟森：《明史讲义》，上海古籍出版社2019年版。

南炳文校正：《校正泰昌天启起居注》，天津古籍出版社2012年版。

潘喆等编：《清入关前史料选辑（一）》，中国人民大学出版社1984年版。

潘喆等编：《清入关前史料选辑（二）》，中国人民大学出版社1989年版。

潘喆等编：《清入关前史料选辑（三）》，中国人民大学出版社1991年版。

全祖望原著，黄云眉选注：《鲒埼亭文集选注》，商务印书馆2018年版。

沈国元：《两朝从信录》，台湾华文书局1968年版。

汤宾尹：《睡庵文稿初刻》，明李曙寰先月楼刻本。

王廷相：《浚川内台集》，明嘉靖十五至四十年刻本。

王钟翰辑录：《朝鲜〈李朝实录〉中的女真史料选编》，辽宁大学历史系1979年版。

魏大中：《藏密斋集》，沈乃文主编：《明别集丛刊》第五辑，黄山书社2015年版。

文秉：《定陵注略》，台北伟文图书出版社1976年版。

吴晗辑：《朝鲜李朝实录中的中国史料》，中华书局1980年版。

吴应箕：《启祯两朝剥复录》，北京图书馆馆藏本。

夏于全、齐豫生主编：《四库禁书精华》（第五卷），吉林摄影出版社2001年版。

谢国桢：《明清之际党社运动考》，上海书店出版社2004年版。

熊廷弼撰，李红权点校：《熊廷弼集》，学苑出版社2010年版。

杨涟：《杨忠烈公文集》，道光十三年刻本。

叶向高：《蘧编》，中国文史出版社2014年版。

叶向高：《续纶扉奏草》，北京出版社1997年版。

张廷玉等：《明史》，中华书局1974年版。

中国第一历史档案馆整理编译：《内阁藏本满文老档·太祖朝》（汉文译文），辽宁民族出版社2009年版。

［美］黄仁宇：《十六世纪明代中国之财政税收》，阿风等译，生活·读书·新知三联书店2001年版。

［日］小野和子：《明季党社考》，李庆、张荣湄译，上海古籍出版社2013年版。